The Power of Positive Thinking

Norman Vincent Peale

新訳

積極的考え方の力

成功と幸福を手にする17の原則

ノーマン・V・ピール

月沢李歌子 訳

ダイヤモンド社

THE POWER OF POSITIVE THINKING

by

Norman Vincent Peale

Published by arrangement with the original publisher, Simon & Schuster, Inc.,
New York through Tuttle-Mori Agency, Inc., Tokyo.

はじめに

この本はどう役立つか

本書は、あなたがどんなものにも負けないこと、そして、心の安らぎと健康と尽きないエネルギーを得られるのを示し、そのための原則を書いたものである。

つまり、**あなたの人生を、喜びと満足感でいっぱいにできる**のだ。

その可能性を、わたしはまったく疑っていない。なぜなら、大勢の人がそれらの恩恵を享受しているからだ。

あなたは、このシンプルな原則を学び、活用するだけでいい。

今日では、あまりに多くの人が、日々の問題に打ち勝てずにいる。

彼らはもがき、泣き言をもらして、人生に与えられた〝不運〟に腹を立てながら過ごしている。ある意味、人生には〝運〟というものもあるかもしれない。

しかし一方で、**こうした運をコントロールし、左右できる「心構え」や「原則」もある。**

問題、心配事、困難に負けてしまうのは残念だが、実は、負ける必要さえない。

わたしはこの世の苦難や悲劇を軽んじるつもりはない。だが、翻弄されてはいけないと思っている。

目の前の問題にとらわれてしまえば、最後には考え方も支配されるようになる。

①問題を追い払う方法を学ぶ

②精神が問題に屈するのを拒む

③考え方を通じ、積極的な力を手に入れる

これらを実践すれば、あらゆる問題を乗り越えることができる。

満ち足りた人生を送るために

本書の目的は、きわめて直線的で、単純だ。文学的な才能や学識を披露するつもりはない。あなたが、**幸せで、満ち足りた、意義深い人生**を送れるようになることだけを目的としている。

この本で紹介する教えを注意深く吸収し、17の原則を継続的に実践すれば、あなた自身が驚くほど変わるだろう。

生きる環境さえ変えられる。**環境に左右されるのではなく、環境を支配できる。**周りの人との関係も改善するだろう。もっと注目され、もっと尊敬され、もっと好かれる人間になれる。

これまで以上に健康になり、生きることの喜びを身に染みて感じられる。より必要とされ、影響力も広がるのは間違いない。

わたしがこれほど確信しているのはなぜか。

答えは簡単である。

長年にわたり、ニューヨークのマーブル協同教会で、いかに創造的に生きるかを教えてきたからだ。そして、その生き方を見守ってきたからだ。

わたしの主張は、とんでもない理論ではない。**成功と幸福を手に入れる、完璧で、驚くべき原則**である。


数冊の著作、百以上のコラム、十七年間続けているラジオ番組、編集している『ガイドポスト』、多数の講演を通して、多くの人がわたしの言葉を読み、聞き、実践している。その結果、誰もが新しい人生、新しい力、さらなる能力、より大きな幸せを得ている。

ここに収められた力強い原則は、わたしが考え出したものではない。歴史上もっとも偉大な教えを残した師から与えられたものだ。つまり、キリスト教にもとづいて導き出された「成功と幸福の手引き」である。

ノーマン・ヴィンセント・ピール

目次

［新訳］積極的考え方の力——成功と幸福を手にする17の原則

1 自分自身を信じる

根拠ある自信を育てる

自分自身を信じよう。自分の能力を信頼しよう。

自分の力に対して、謙虚でありながらも、確固たる自信を持たなければ、成功も幸福も手に入れることはできない。

成功するには、健全な自信が必要である。自分が劣っているとか、力不足だとかいう怖れは、成功の達成を妨げるが、**自分に対する自信は、自己実現と成功につながる**。こうした積極的な心構えはとても重要である。

本書は、自分自身の力を信じ、あなたの内に秘めた力を発揮する助けとなるだろう。

劣等感と呼ばれる病によって驚くほど多くの人が悩まされ、惨めな思いをしている。しかし、あなたは悩む必要はない。**正しい手順を踏めば、その病を克服し、根拠ある自信を育てられる**からだ。

あるとき、ビジネスマンを対象にした講演会が終わった後、ステージに残り関係者に挨拶をしていたわたしに、ひとりの男性が近づいてきて、切羽詰まったように言った。「お話をするお時間をいただけないでしょうか。とても重要なことなのです」

わたしはほかの参加者が退出するまで彼に残ってもらい、その後、奥の部屋へ行って腰を下ろした。

「わたしはこの町に、人生を賭けた商談をするためにやって来ました」彼は言った。「成功すれば、とても重要な意味を持ちますが、失敗すれば、わたしはもう終わりです」

わたしはもっと力を抜くように助言し、どんな結果になっても、人生が終わるようなことにはならない、と言った。

失敗したとしても、またやり直せばいいことである。

「わたしは自分をまったく信じていません」彼は力なく言った。

「自信がありません。とてもやれるとは思えないのです。勇気を失い、悲観しています。実は、すでにだめになりそうなんです。もう四十歳になるというのに。なぜ、わたしはこれまでの人生において、劣等感や自信のなさや自己不信にずっと悩まされてきたのでしょうか？　先ほどの講演で、先生は積極的な考え方の力について話してくださいました。どうしたら自分に自信を持てるのかを教えてほしいのです」

「二段階で考えなければなりません」わたしは答えた。

「まず、それほどの無力感にとらわれている理由を知ることです。それには、分析も必要だし、時間もかかります。医者が身体のどこが悪いのかを精査するのと同じように、心の病も原因を探らなくてはなりません。すぐにはできませんし、こうして会っただけで何とかなるものでもないでしょう。永久的に解決できる治療も必要になるかもしれません。しかし、当面の問題を切り抜けるために、ある対処法を教えましょう。きっとあなたの役に立つと思います」わたしは続けて言った。

「今晩、通りを歩きながら、これから教える言葉を繰り返し言ってください。ベッドに入ってからも、数回、唱えてください。明朝、ベッドから出る前にも、三回、言ってください。重要な商談の場へ行く途中も、三回、繰り返してください。

これらを信念を持って行うことで、問題に対処できる強さと力を得られます。その後、ふたりで根本的な原因を分析しましょう。その結果、何が明らかになるかはわかりませんが、この対処法は、大きな効果を及ぼすでしょう」

そして、わたしは次の言葉を告げた。「〝わたしを強めてくださる方のお陰で、わたしにはすべてが可能です〟[注1]」

彼はこの言葉を知らなかった。そこで、わたしはカードに書いて渡し、声に出して三回読ませた。

「では、わたしが言ったようにやってみてください。きっとうまくいきますよ」

彼は立ち上がると、一瞬、何も言わずにいたが、やがて思いを込めるように言った。「わかりました、先生。わかりました」

わたしは彼が夜の暗闇に向かって歩き出すのを見送った。その姿は痛々しかったが、去っていく足取りを見ると、信じる気持ちが彼の心のなかで動きはじめているように思えた。

その後、彼から報告があった。**このシンプルな方法が〝奇跡を起こした〟そうだ。**

「驚きました。聖書のわずかな言葉が、これほどの力を与えてくれるなんて」と言った。

彼は劣等感の原因を調べ、カウンセリングと、信仰心をうまく使うことで、それを解消した。いかに信じるかを学び、この章の最後にまとめた方法に従ったのである。

そして、徐々に、強く、揺るぎない自信を手に入れた。すべてが逃げていくのではなく、自分に向かってくることに彼は驚き続けている。

彼は、消極的ではなく、積極的な考え方をするようになった。そのおかげで、成功を遠ざけるのではなく、**成功が寄ってくるようになった**のである。彼は、いま、自分の力に確かな自信を持っている。

人はなぜ劣等感を抱くのか

劣等感には様々な原因がある。子ども時代に根差すものも多い。

ある企業の重役から、昇進させたい若者について相談されたことがある。重役は言った。

「彼には重要な機密情報を託せない。そのせいで、わたしの補佐役にすることができないんです。彼は、資質は備えているのに、おしゃべりがすぎる。無意識のうちに、プライベートなことや、重要事項を漏らしてしまうのです」

分析したところ、その若者が〝しゃべりすぎる〟のは、劣等感が原因だということがわかった。劣等感を解消するために、自分の知識をひけらかしたいという誘惑に負けてしまうのである。

若者は裕福な人ばかりとつきあっていた。全員が大学へ行き、友愛会《フラタニティ》に所属したエリートたちだった。一方、若者は貧しい家で育ったので、大学へ行くことも友愛会のメンバーになることもなかった。そのため、自分が仲間たちと比べて、学歴も社会的地位も劣っていると感じていた。自分自身を大きく見せ、自尊心を強化したいという潜在意識が働いていた。

上司とともに出席する会議で、若者は重要人物の私的な会話を耳にする。その内容は、仲間たちの称賛と羨望の的になるため、〝内部情報〟を漏らしていた。そうすることで、自尊心と承認欲求を満たすことができたのである。

重役は若者が抱える問題を知った。彼は思いやりと理解のある人だったので、若者に「きみの能力があれば、ビジネスで成功するチャンスがある」と伝えた。また、若者に機密事項を託せないこと、それは若者の劣等感のせいだと話した。

その後、若者は、**自分と向き合い、信じて祈る方法を誠実に実行**した。結果、真の力が解放され、会社にとって価値のある人財となった。

わたしの劣等感の原因

個人的な例をあげて、若い人たちの多くがなぜ劣等感を抱くのか、説明しよう。

わたしは子どもの頃、やせていた。陸上競技のチームに参加し、健康で頑丈だったが、とにかくやせていた。やせているのが嫌で、悩んでいた。わたしは太りたかったのだ。「やせっぽち」と呼ばれるのが嫌だった。「太っている」と言われたかった。

強靭でタフで太った男になりたくて、体重を増やすためなら何でもやった。肝油も大量のミルクシェイクも飲んだし、ホイップクリームとナッツをのせたチョコレートサンデーも何千杯と食べた。ケーキやパイはいくつ食べたかわからない。しかし、まったく効果はなく、結局やせっぽちのままで、それが悩みで夜も眠れなかった。

三十歳までずっと体重を増やそうとしていた。すると、突然太りはじめた。はちきれんばかりに膨らみはじめたのだ。そうなると今度は太っているのを気にするようになり、同じように苦しみながら、十八キロの減量をして、適度な体型に戻した。

また、わたしは牧師の息子であり、その事実を常に意識せざるをえなかった。ほかの皆はどんなことでもできるのに、わたしがやれば小さなことでもこう言われた。「きみは牧師の息子だろう」だから、牧師の息子でいるのが嫌だった。牧師の息子は、気弱で、やさしいと考えられていたからだ。わたしは強靭で知られたかった。

さらに、わたしの家族は、ほぼ全員が講演者だった。わたしも大勢の前に立って、スピーチをさせられた。それが死ぬほど嫌で、恐怖さえ感じた。

すべて昔のことである。しかし、いまでも演壇に登ろうとすると、そのときの苦しさがよみがえってくることがある。わたしは自分の力を信じるために様々な方法を試してみた。

力を発揮できる単純なテクニック

問題を解決してくれたのは、単純なテクニックだった。**その原則は、科学的で、健全で、劣等感に悩む人を癒すことができる。**これを使えば、力不足だと思い込んでいる人も悩みから解放される。

力を発揮できない原因は、子ども時代に受けた精神的苦痛、環境、自分自身の行いなどから生まれる劣等感である。劣等感という病は、わたしたちの奥深くに隠れた、おぼろげな過去の記憶から生まれる。

たとえば、あなたに秀才の兄がいたとする。学校の成績は、兄がAで、あなたがCである。それを周囲からしつこく言われる。あなたは、「一生かかっても、自分には兄のようにはなれない」と思う。そして、自分は常にCを取るのだと思い込む。

学校の成績が良くなくても、のちに大きな成功を収めた人の存在には決して気づかないのだ。実際、大学でAを取った人が、偉大な人物になれるわけではない。その人がAを取れるのは卒業証書をもらえるまでかもしれないし、Cしか取れなかった人が、その後の人生で本物のAを取るかもしれない。

劣等感とは、強く、根深い自己不信の別名である。これを取りのぞく最大の秘訣は、自分を信じることだ。強い気持ちで信じれば、健全で、正しい自信を持つことができる。

わたしに大きな影響を与えた友人のひとりは、故ハーロウ・B・アンドリュースである。ニューヨークに住んでいた彼は、すぐれたビジネスマンであると同時に、信仰についても実に深い知識を持っていた。

彼は、祈りの多くが、十分ではないことを懸念していた。

「信じるためには、大きな祈りを学ばなければならない。神は祈りの大きさを高く評価する」

彼が言っていることは正しい。聖書にもこう記されている。〝そこで、イエスが二人の目に触り、『あなたがたの信じているとおりになるように』と言われると、二人は目が見えるようになった〟。[注2)]

信じる心を得ることで力を解放する。これはスキルであり、ほかのスキルと同様に、習得するには学習と練習が必要である。

本章の最後に、劣等感を克服し、自信を育てるための十項目を示した。こうした原則をひたむきに実践すれば、どんなに根深い劣等感も解消され、自分に自信を持つことができる。

自信を植えつける

まず、自信を築くためには、繰り返し、自信とはどういうものかを頭に教え込む必要がある。

どんなに多忙だとしても、新しい考え方を学び、それによって力を得るには訓練しなければならない。日常生活のなかで、自信を意識的に植えつけた男性の話をしよう。

ある冬の朝のこと、その男性は中西部の街のホテルにわたしを迎えにきた。そこから五十六キロ離れた街で、講演会を行う予定だったからである。わたしたちは車に乗り込み、滑りやすくなった道を、勢いよく出発した。わたしは不安に襲われた。そこで、時間は十分にあるのでゆっくり行きましょう、と提案した。

すると、彼は答えた。「わかりました。でも、心配しないでください。わたしも以前は、色々なことが不安でした。それまでは何もかもが怖かったのです。車で出かけるのも、飛行機に乗るのも怖かったし、家族の誰かが出かければ、戻ってくるまで心配でたまりませんでした。常に、何かが起こるのではないかという思いが頭を離れず、悩んでいました。心のなかは劣等感ばかりで、自信が持てなかったのです。それが仕事にも悪影響を及ぼし、失敗ばかりしていました。ですが、素晴らしいことを思いついて、こうした不安を追い払えるようになったのです。いま、わたしは自信を持って生きています。自分に対してだけでなく、人生に対しても」

彼は続けて言った。「素晴らしい思いつきとはこれです」そして、フロントガラスの下にある計器パネルに留めたふたつのクリップを指差すと、ダッシュボードから小さなカードの束を取り出した。

それから、カードのうちの一枚を選んで、クリップに挟んだ。カードにはこう書いてあった。〝信仰があれば……あなたがたにできないことは何もない〟。[注3)]

彼はそのカードをはずすと、ハンドルを握っていないほうの手で、クリップに留めてあるカードを取り換えた。新しいカードにはこうあった。〝もし神がわたしたちの味方であるならば、だれがわたしたちに敵対できますか[注4)]〟。

「わたしは巡回セールスマンです」彼は言った。「お客様を訪ねて、一日中、車を運転しています。運転していると、色々なことを考えてしまうんですよ。考え方が後ろ向きなのは良くないと知っています。けれど、わたしの考え方はそうだったんです。一日中、お客様を訪問する合間に、不安や失敗することばかりを考えていました。それが、売り上げが落ちた理由のひとつだったんです。

　このカードを使って、書いてある言葉を覚えるようになってから、考え方が変わりました。わたしを苦しめていた不安は消え、失敗や能力のなさを嘆くのではなく、自信を持ち、勇気を出そうと考えられるようになりました。この素晴らしい方法で、わたしは変わることができたんです。仕事もうまくいくようになりました。当然ですよね。売れないだろう、と考えながら、お客様のところへ行って、売れるはずなどありませんから」

　この方法は、とても賢いものである。言葉の力を信じることで、考え方が変わり、長年抱いていた不安を払拭した。結果、秘めた能力を発揮できるようになったのだ。

誰もが素晴らしい資質を持っている

いかに考えるか。それによって、不安を育てるのか、安心を育てるのかが決まる。いつも悪いことが起きると心配していれば、不安に苦しめられる。

深刻なのは、悪いことばかり考えているせいで、それが現実になることだ。このセールスマンは、運転席の前にカードを置くことで、勇気と自信を植えつけ、考え方が変わり、良い結果を得られた。敗北感によって抑圧されていた力が、解き放たれたのである。

自信の欠如は、現代人につきまとう大きな問題のひとつだ。

ある大学で、心理学の受講生六百人を対象に調査が行われ、彼らが解決できない個人的問題は何かと尋ねられた。すると、七十五パーセントの学生が、自信の欠如をあげた。この割合は、一般の人々にも当てはめられる。

臆病で内向的、人生に立ち向かうことができない、強い敗北感と不安に苦しんでいる、自分の力を信じられない――そういった人が多くいる。

彼らは心の奥で、責任を果たし、チャンスをつかむ能力が自分にはないと考えている。常に「うまくいかないかもしれない」という、不吉な予感に怯えている。なりたい自分になれることを信じていないので、力を十分に発揮できず、不十分なままで満足してしまう。

何千、何万という人が、敗れ、恐れて、這いずり回るように生きている。しかし、**ほとんどの場合、それほど落胆する必要はない**。

身の回りの環境や問題にエネルギーを奪われれば、あなたは消耗し、勇気をくじかれる。するど、本来持っている力は覆い隠される。必要のない落胆に襲われる。そんなときは、自分が持っている**素晴らしい資質**を確認しよう。客観的な再評価を行うことで、自分自身が感じるほど落ち込む必要がないとわかるはずだ。

自分の資産を見直す

五十二歳の男性がわたしのところに相談にきた。彼はかなり落ち込んでいた。絶望の淵にいる、という。

「もうわたしは終わりです」彼は言った。これまで築いてきたものすべてを失ってしまったそうだ。「わたしにはもう何も残っていません。何もかもなくしてしまいました。希望もありません。初めからやり直すには年を取りすぎています。信じる気持ちも失ってしまいました」

当然ながら、わたしは彼に同情した。しかし、一番の問題は、絶望が心に入り込み、彼の見方を歪めてしまったという事実だ。**本当の力が、不健全な考え方の裏に隠れ、彼を無力にした**のである。

わたしは彼に言った。「それでは、あなたの元に残っている財産を、紙に書きだしてみませんか?」

「そんなことをしても無駄です」彼はため息をついた。「何ひとつ残っていないんですから」

「とにかくやってみましょう。奥さんは、まだご一緒ですよね？」

「ええ、もちろんです。妻はたいしたやつです。結婚して三十年になります。どんな苦境にあっても、妻だけはわたしを見捨てずにいてくれるでしょう」

「そうですか。では、それを書きましょう。次に、お子さんはいますか？」

「ええ」彼は答えた。「三人います。とてもかわいいです。『父さん、愛してるよ。いつも父さんの味方だよ』そう言われると、感激します」

「それでは、二番目に書きましょう。三人の子どもたちは、わたしを愛し、味方になってくれる。友人はいますか？」

「ええ」彼は答えた。「良い友人がいます。とても素晴らしい人たちです。いつでもわたしの助けになる、と言ってくれています」

「では、三番目に書きましょう。手を貸したいという友人がいて、わたしを認めている。あなたは誠実ですか？　何か悪いことをしましたか？」

「いつも正しいことをしようとしていますし、良心に曇りはありません」

「結構。四番目に書きましょう。誠実、とね。健康状態はいかがですか？」

「問題ありません。病気で寝込む日はほとんどありません。きわめて健康です」

「それが五番目ですね。健康。この国についてはどうでしょう？　いまも成長を続ける国ですか?」

「ええ。暮らしたいのはこの国だけです」

「六番目。暮らしたい国に住んでいる」さらに、わたしは尋ねた。「信仰については?

神があなたを助けてくれることを信じていますか?」

「はい。信じていなければ、ここまでやってこられませんでした」


「それでは、あなたの財産をまとめてみましょう」

一、結婚三十年目の素晴らしい妻
二、味方になってくれる三人の子どもたち
三、力になろうとしてくれる友人
四、誠実
五、健康
六、暮らしたい国に住んでいる
七、信じる気持ちを持っている

わたしはこのリストをテーブルの向かい側に座る彼のほうに押しやった。

「見てください。あなたはこんなにたくさんの財産を持っています。すべてをなくしたとおっしゃいましたが」

彼は恥ずかしそうな笑みを浮かべた。

「そんなふうに考えたことはありませんでした。絶望する必要はないのかもしれませんね」

彼は考え込みながら言った。「もし自信を取り戻せれば、もし自分のなかに力があると思えれば、もう一度やり直せるかもしれません」

彼は理解してくれた。そして、やり直すことができた。

そうできたのは、ものの見方、考え方、姿勢を変えたからである。信じることで自分への疑いが消え、問題を克服する力が湧き出たのだ。

助けてくれるものを書き出す

著名な精神科医であるカール・メニンガー博士は、この真理をこう表現している。**「考え方は事実よりも重要である」**

この言葉が、真実だと理解できるまで繰り返してみるといい。

わたしたちが直面する事態がどんなに困難でも、希望がなさそうに見えても、大切なのはそれをどう考えるかである。何もしないうちに自ら負けている場合には、考え方を見直すべきだ。もしかしたら、精神的に圧倒されているだけかもしれない。反対に、**自信を得**

て、楽観的に考えれば、事態を変え、克服する力を引き出せる。

わたしの知り合いの男性は、会社にとって大きな財産となっている。彼がずば抜けた能力を持っているからではなく、**勝利の考え方**を示しているからだ。

同僚たちが悲観的なとき、彼は「**掃除機法**」と呼ぶ手法を用いる。これは次々と質問を浴びせ、同僚たちの心から〝塵を吸い出す〟やり方だ。**否定的な考え方を引っ張り出す**のである。それから、積極的な考え方を提示し、その考え方によって、事実を新しい枠組みへ変える。

彼のおかげで、事実がまったく違って見える、と同僚たちは言う。自信を持って考えられるため、そうした違いが生まれるのだろう。これは、事実に対する客観性を失うことではない。劣等感の犠牲者は、違う色の眼鏡を通してすべてを見ている。矯正するには、普通の視点を取り戻す必要がある。そのために常に積極的な考え方をしなければならない。

もしあなたが敗北感を抱き、力を失ってしまったなら、障害となるものではなく、力となるものを紙に書きだしてほしい。

いつも障害となるもののことばかり考えていれば、それは、実際以上に大きなものになってしまう。現実にはない恐ろしい力になる。一方、**自分の財産をリストにして**再確認し、それらに意識を集中すれば、どんな難しい問題も乗り越えていくことができる。

自信の欠如を克服する強力な方法のひとつは、神が力を貸してくれると信じることである。自信を育てるには、そう信じることが効果的だ。

実践は簡単で、次のように言葉にして確認するだけである。

「神はわたしとともにいる。わたしを助けてくれる。わたしを導いてくれる」

毎日、数分間でいい。神の存在を思い浮かべ、それを信じるよう努力してほしい。自分が信じたことは真実だという前提のもとに、仕事場へ向かおう。信じることで、それが現実となる。このやり方に刺激されて生まれ出る力に、きっと驚くだろう。

自信を持てるかどうかは、どんな考え方が頭を占めているかで決まる。負けることを考えていれば、負けたと感じる。しかし、自信にあふれた考え方を実践し、頭をその考えで満たし、それを習慣にすれば、どんな難問も乗り越えていける、と考えられるようになる。自信を感じれば、力はさらに強くなる。

文豪のベイジル・キングはこう言った。

「**大胆になれ。そうすれば、大いなる力があなたを助けてくれる**」

経験すれば、それが本当のことだとわかるだろう。

思想家で作家のエマーソンは素晴らしい真実を語っている。

「彼らは負けると信じている人々を負かす」

「恐ろしいと思うことをしなさい。そうすれば、間違いなく、恐怖を克服できるだろう」

自信を持ち、積極的に考えれば、恐怖も不安もあなたを苦しめなくなる。

さて、ここまでのことをまとめてみよう。自信を育てるために、何ができるだろうか。次に挙げたのは、自信を育てるためのシンプルで、実践可能な十の方法だ。これに従えば、あなたも自分の力を引き出すことができるだろう。

自信を育てる10の方法

1. 常に〝成功〟を思い描く

自分が成功するイメージを描き、心にしっかりと刻みつける。常にそのイメージを持ち続ける。決して消えないように。そうすれば、そのイメージがだんだん大きくなる。

失敗することを考えてはいけない。イメージが本物かどうかを疑ってもいけない。それはもっとも危険である。なぜなら、人間の意識は心に持つイメージを常に完成させようとしているからだ。だから、その時点の見通しがすこぶる悪くても、常に〝成功〟を思い描こう。

2. 肯定的なことを口にする

自分の力に対して否定的な考えが浮かんでも、それをかき消すために意識的に肯定的なことを口にしよう。

3．問題を深刻に考えない

障害をイメージしてはいけない。障害と呼ばれるものについては、楽観的に考える。問題があれば研究し、効果的な対策を立てて排除する。しかし、必要以上に深刻に考えないこと。不安によって過大視されているかもしれないからだ。

4．他人と比べて落ち込まない

ほかの人を素晴らしいと思っても、真似をしてはいけない。人は自分以外の人間にはなれないのだから。また、ほかの人が、どんなに自信があるように見えたとしても、同じように恐怖を抱き、自分自身を疑っていることを思い出すといい。

5．言葉の力を活用する

一日十回、次の言葉を復唱しよう。〝もし神がわたしたちの味方であるならば、だれがわたしたちに敵対できますか[注5)]〟。

6．劣等感の原因を探す

なぜいまのような考え方をしてしまうのか分析しよう。劣等感と自己不信の原因は子ども時代にあることも多い。原因を知ることは、解決につながる。

7．魔法の言葉を十回読む

一日十回、次の言葉を声に出して読もう。〝わたしを強めてくださる方のお陰で、わたしにはすべてが可能です[注6)]〟。これは、劣等感に対してもっとも強い解毒効果を持つ魔法の言葉だ。

8. 自分を十パーセント増しで評価する

自分の力を正しく評価し、それを十パーセント引き上げよう。傲慢になってはいけないが、健全な自尊心は育てなければならない。自分自身の力を信じよう。

9. 力はすべて受け取っていると信じる

神の手に身を委ねる。「わたしは神の手のなかにある」ただ、そう言えばいい。そして、自分がいま必要な力をすべて受け取っていると信じる。力があなたに流れ込んでくるのを感じよう。〝神の国はあなたがたの間にあるのだ[注7)]〟とは、人生で必要な力は与えられているということだ。

10. 神から力を受け取っている

神がそばにいれば、何事もあなたを負かすことはできない、と思い出そう。神から力を受け取っていると信じよう。

2 心を安らぎで満たす

無理なく生きる

ホテルのダイニングルームで朝食をとっているとき、わたしたち三人は、前夜、よく眠れたかどうか話しはじめた。実に重要な話題である。

ひとりがよく眠れなかったとこぼした。寝返りばかりうっていたため、まったく疲れがとれなかったそうだ。

「寝る前にニュースを聴くのをやめたほうがいいのかもしれない」と彼は言った。「昨晩はニュースを聴いて、耳のなかが問題でいっぱいになってしまった」

〝耳のなかが問題でいっぱい〟とは言い得て妙ではないか。眠れなかったのも当然である。

「寝る前にコーヒーを飲んだからかもしれない」彼は考え込むように言った。

もうひとりの男が「わたしはぐっすり眠れました。ニュースは夕刊で読み、ラジオも早い時間に聴いたので、気持ちを鎮めてからベッドに入ったんです。そして、安眠のためのプランを使ったんです。失敗したことはありません」

そのプランについて、彼は次のように説明してくれた。

「わたしが子どもの頃、農夫だった父は、寝る前に家族を居間に集めました。そして、聖書を読んでくれたのです。いまでもその声を覚えています。実のところ、聖書の句が耳に聴こえると、いつも父の声のような気がします。祈りを捧げた後は部屋へ行き、ぐっすりと眠ったものです。しかし、家を出てからは、聖書を読むことも、祈ることもやめてしまいました」

男は話を続けた。「何年もの間、わたしが祈るのは、窮地に陥ったときだけでした。しかし、数か月前、妻とわたしは難しい問題に直面し、祈りの習慣を取り戻すべきだと考えました。それがとても役に立ったので、いまは毎晩ベッドに入る前に、ふたりで聖書を読み、祈る時間を作っています。なぜかはわかりませんが、以前より良く眠れるし、状況もすっかり改善されました。こうして、出張に出ているときも効用があるので、聖書を読んで祈っています。昨夜はベッドに入ってから詩編23章を読みました。声に出して読んだので、大きな効果があったようです」

彼は、もうひとりに向かって言った。「わたしは、耳のなかを問題でいっぱいにしなかったのです。心のなかを安らぎで満たして眠りにつきました」

〝耳のなかを問題でいっぱいにする〟のか、あるいは**〝心のなかを安らぎで満たす〟**のか。このふたつが秘密を解くカギである。あなたはどちらを選ぶだろうか。

ここで大切なのは、**気持ちの持ち方を変える**ということだ。そのためには、考え方の基本を変えなければならない。簡単ではないが、いまのまま生きていくよりはずっと楽だろう。緊張を強いられて生きていくのは苦しいはずだ。

無理なく生きるには、心の安らぎを得て、ストレスと折り合っていくのが一番いい。そして、心の安らぎを得るには、心を解きほぐし、安らぎを受け入れられるよう考え方を変える努力が必要だ。

心のなかを安らぎで満たす

心を解きほぐして安らぎを得るための例として、わたしがいつも挙げるのは、ある街で、講演を行ったときの体験である。

演壇に上がる前の舞台裏で、ある男性が近づいてきて、個人的な問題を相談したい、と言った。わたしは、もうすぐ出番でいまは話せないので少し待ってほしいと頼んだ。講演中、彼は舞台の袖で、落ち着きなく行ったり来たりしていたが、いつの間にか、どこかへ行ってしまった。受け取った名刺を見ると、彼が、その街でとても影響力のある人物だとわかった。

ホテルへ戻った後も、彼のことが気にかかっていた。そこで、夜も遅くなっていたが、電話をしてみた。

彼はとても驚いた。

「一緒に祈ってほしかったのです」彼は言った。「一緒に祈っていただけたら、少しは穏やかな気持ちになれるかもしれないと思ったのです」

「いま一緒に電話で祈ってもかまいませんよ」わたしは答えた。

彼はさらに驚いて言った。「電話で祈るなんて聞いたことがありません」

「では、やってみませんか？　電話はコミュニケーションの道具です。神もわたしたちの間には距離がありますが、電話があれば一緒にいられます。神もわたしたちと一緒です。あなたのところにも、わたしのところにも、そして、あなたとわたしの間にもいます。わたしもあなたも、神と一緒なんです」

「わかりました」彼は言った。「どうぞわたしのために祈ってください」

わたしは目を閉じ、電話の向こうにいる男性のために祈った。ふたりが同じ部屋にいるかのように、祈ったのである。

「あなたも祈りませんか?」わたしは訊いてみた。答えはなかった。ところが、電話の向こうから、すすり泣きが聞こえてきた。

「すみません」

「いいんですよ。思う存分泣いたら、祈りましょう」わたしは言った。

「神にただ悩みを告げればいいのです。ほかに電話を聴いている人はいないのですから」

わたしに励まされて、彼は祈りはじめた。最初はためらいがちだったが、やがて一気に心の内を吐き出した。彼の言葉は、憎しみと、苛立ちと、挫折感に満ち、いつまでも続いた。それから、彼は、しみじみと言った。

「こんなお願いが厚かましいことは、重々わかっています。わたしはこれまで、あなたのために何もしてこなかったのですから。偉そうな顔をしていても、わたしがつまらない人間だということを、あなたはご存じでしょう。もう耐えられません。どうかわたしを助けてください」

彼の祈りに応えてほしい、とわたしはふたたび祈った。

「主よ、電話の向こうにいるわたしの友人に安らぎを与えてください。彼がすべてをあなたの手に委ね、心の平和を受け取れるよう、力を貸してください」そこでわたしは言葉を切り、しばらく黙った。

すると、彼の声が聞こえた。その声の調子をいまでも覚えている。

「この経験は忘れません。おかげさまで、本当に久しぶりに心のなかがすっきりしました。幸せと安らぎを感じています」

彼は心のなかを安らぎで満たすための、シンプルな方法を使った。つまり、心を空っぽにして、安らぎという贈り物を受け取ったのである。

心を空っぽにする

ある医者がこう言った。

「わたしの患者さんの多くは、どこも悪いところがありません。**考え方だけが問題**なのです。そんな患者さんに、わたしが決まって与える処方箋があります。それは薬局で買えるものではありません。聖書から『ローマの信徒への手紙 12章2節』を与えるのです。書き写して渡すのではなく、読むように言います。そこには〝心を新たにして自分を変えて〟と記されています。より幸福に、より健康になるためには、心を新たにする、つまり、考え方を変えることが必要です。

この処方箋を与えるだけで、患者さんの心を安らぎで満たすことができます。それが健康と幸福を手に入れる助けとなるんですよ」

心のなかを安らぎで満たすためにもっとも大切なのは、心を空っぽにすることだ。これについては別の章でも詳しく説明するが、ここでは**心の浄化を頻繁に行う**ことの重要性を述べておく。少なくとも一日二回行うといいだろう。怖れ、憎しみ、不安、後悔、罪悪感を心のなかから意識的に追い払うだけで、心が落ち着くものだ。

信頼できる相手に心配事を打ち明けたら、気持ちが軽くなったという経験はないだろうか。わたしは、悩みをこっそりと打ち明けられる人がいることがどれほど大切かを、しばしばこの目で見ている。

先日、ホノルルへ向かう客船ラーライン号で礼拝を行った。そのとき、不安を抱えている人に、船尾へ行き、その不安を海へ投げ入れて、波紋のなかに消えていくのを思い描くよう勧めた。

子どもじみた提案だと思われるかもしれないが、その日のうちに、ひとりの男性がわたしのところへ来て言った。

「先生に言われた通りにやってみました。驚きましたよ。気持ちが軽くなったんです。この船にいる間、毎晩、心配事がすっかり消えたと思えるまでやってみます。確か、〝後ろのものを忘れ〟[注8]といった言葉が聖書にもあったのではないでしょうか」

この男性はセンチメンタリストではない。著名な知識人であり、ある分野の第一人者である。

健全な考えを根づかせる

もちろん、心を空にするだけでは足りない。心を空にすれば、かわりのものが入ってくる。長い間、心を空にしておくことはできない。

心をずっと無にして生きていくことはできない。そうした域に達した人も確かにいるだろうが、概して、空になった心はふたたび満たす必要がある。そうしないと、捨てたはずの好ましくない考えが、ふたたび忍び込んでしまうからだ。

それを防ぐために、すぐに、**創造的で、健全な考えで心を満たさなければならない**。そうすれば、長い間まとわりついてきた怖れや憎しみや不安が戻ってきても、入り込む余地がなくなる。古い感情は、そこに根をはやしていたので、居心地の良い場所へ戻りたいものだ。しかし、新しく迎え入れた健全な考え方は、より強く、揺るぎないものなので、それらを撃退できる。やがて古い考え方のほうが降参して、あなたの邪魔をしなくなるだろう。そうすれば、いつでも変わらず心のなかを安らぎで満たすことができる。

たとえ少しの時間であっても、穏やかな考えを持つようにする。これまで目にしたことがある穏やかな光景を、心に蘇らせるのもいい。

たとえば、夕暮れどきの静かな美しい谷に、太陽が沈む光景はどうだろう。波打つ水面に映る月の光や、砂浜にやさしく打ち寄せる波を思い浮かべるのもいい。平和な風景を心に描くことが、気持ちを癒す薬になる。できれば**毎日、こうした風景を心に映し出すといい**のである。

穏やかな言葉を使う

穏やかな言葉を声に出して繰り返すという方法もある。言葉には暗示的な力があり、口にするだけでその通りのことが起こる。

パニック状態に陥ったときに発する言葉をいくつか言ってみると、なぜか不安な気持ちになるだろう。お腹のあたりに嫌な感じがして、身体の調子が悪くなるかもしれない。

反対に、落ち着いた言葉を口にすれば、心は静かになっていく。たとえば、〝静寂〟という言葉を何度か言ってみよう。ゆっくりと繰り返す。それだけで、心に静けさが訪れる。

ほかにも穏やかな気持ちになるための具体的な方法がある。ひとつは会話を通して行うやり方だ。

使う言葉や言い方が、苛立ちや興奮や怒りを呼び起こすことがある。消極的な結果になるか、積極的な結果になるかは、自分の言葉次第なのだ。**安らぎは、自分の言葉によって、作り出される。**穏やかな気持ちになるには、穏やかに話すことが必要なのだ。

ぴりぴりした会話のときは、穏やかな考えを含めるようにするといい。嫌な雰囲気が和らぐのがわかるだろう。たとえば、朝食の席で「今日は良くないことが起こりそうだ」と言えば、その日は一日中、うまくいかない。消極的な会話のせいで、すべてが悪くなってしまう。重苦しい話をすれば、気持ちも動揺するものだ。

反対に、幸せな考え方で一日をはじめれば、その日は満ちたりたものになるだろう。満足できる状況を作り出すには、こうした考え方が有効で、決定的な要因になる。

会話からは、消極的な考え方をすべて排除するのが重要である。消極的な考え方は、緊張と苛立ちを生むからだ。ほかの人の気持ちを暗くする発言は、一緒にいる人たちの気持ちも暗く染め、誰もが苛立ちを感じるようになる。

もちろん、精力的に問題に立ち向かわなければならないときもある。しかし、常に、安らかな気持ちでいるために、自分自身や仲間に語る言葉は、積極的でなければならない。

静寂の力を活用する

安らぎに満ちた心を作るその他の有効な方法は、毎日、沈黙を実践することだ。少なくても一日、十五分、可能な限り静かな場所へひとりで行き、沈黙を守ったまま、座る、あるいは横になる。誰かと話すことも、書くことも、読むこともしてはいけない。できるだけ何も考えない。頭のなかをまっさらにして、心の動きを静めて止める。

最初は心がかき乱されて簡単にはいかないかもしれないが、練習を重ねればうまくいくようになる。心を水面だとイメージして、波紋ひとつ立たなくなるまで、静めていく。心が静止したら、沈黙のなかにある調和と美と神の深い響きに耳を傾ける。

あなたの「内なる静寂」が欠けているのは、ある程度は、現代人の神経を悩ませる雑音が原因かもしれない。**労働、生活、睡眠の場での雑音が効率を著しく妨げる**ことは、科学的実験でわかっている。

一般的に言われているように、わたしたちの身体や精神や神経が雑音に慣れるかどうかは疑問である。同じ音を何度も聴けば違和感はなくなるかもしれないが、潜在意識には聴こえているだろう。自動車のクラクション、飛行機の轟音、その他の耳障りな音は、睡眠中の身体活動に影響を及ぼす。こうした騒音が神経に届き、伝達される衝動が、筋肉を動かし、真の休息を妨げている。

一方、**静寂は心を癒し、静め、健康にする**。極悪非道のギャングから回心し牧師となったスター・デーリーはこう言っている。「わたしの知る限り、**静寂の時間を持つようにしている人は病気知らず**である。わたし自身、苦痛に襲われるのは、行動と休養のバランスを失ったときである」

彼は沈黙と精神の回復とを密接に結びつけている。完全な静寂の時間を持つことで安らぎを得るのは、きわめて価値のある療法なのだ。

忙しさが増す現代社会では、静寂の時間を持つのは、わたしたちの祖先の時代ほど簡単ではない。祖先の時代にはなかった、騒音を立てる機器が存在し、わたしたちを、日々、追い立てているからだ。

現代では、空間は消滅し、時間さえ失われようとしている。深い森を散歩したり、海辺に腰をおろしたり、山頂や航海中の客船の甲板で瞑想したりといったことは、ほとんど不可能だ。

しかし、そうした経験をしたときには、その場所の静けさとそのときの感覚を心に刻もう。そして、まるでその場にいるかのように、繰り返し思い出すといい。記憶を蘇らせるとき、心は現実の不快感を忘れようとする。**記憶をしばしば呼び出すことで、心は覚えている風景の美しさだけを再生しようとするのだ。**


たとえば、わたしは、ハワイ州ホノルルのワイキキビーチにある、世界でもっとも美しいホテルのひとつ、ロイヤルハワイアンホテルのバルコニーで、この原稿を書いている。そこからは、立ち並ぶヤシの木が風に揺れているのが見える。風はエキゾチックな花の香りを運んでくる。この島だけで約二千種類あるハイビスカスの花が庭いっぱいに咲いている。〝森の火事〟という異名を持つホウオウボクの鮮やかな赤い色がその光景に魅力を添え、アカシアの木の枝は、気品のある白い花を重たそうにぶらさげている。

島を囲む青い海は、水平線まで伸びている。白い波が打ち寄せ、ハワイの人々や訪ねてきた友人たちは、優雅にサーフボードやカヌーに乗っている。うっとりするような美しい光景だ。

わたしはこの光景に癒され、安らいだ心から生まれる力について書いている。常に重くのしかかっている責任は、遠くに消えてしまった。ハワイへ来たのは講演と執筆のためだが、この平和に満ちた風景がわたしを包んでくれている。

この美しい風景から得た喜びを真に味わえるのは、ニューヨークの自宅に戻ってからだろう。

この美しさは、気持ちを安らかにしてくれる素晴らしい場所として、記憶のなかに刻まれる。のどかな場所を遠く離れても、わたしは記憶のなかを探って、ヤシの木が並び、白い波に洗われるワイキキの砂浜に安らぎを見出すだろう。

「幸せを作り出す貯蔵庫」を作る

あなたの心を多くの幸せな体験で満たそう。そして、記憶のなかにあるその場所を、計画的に、意図的に訪れよう。

安らかな心に到達する道は、安らかな心を作り出すことだ。そのためには、次のシンプルな原則に従い、実践すればいい。

訓練すれば、心はそれに応えるようになる。あなたが求めるものを与えてくれる。しかし、そのためには、まずこちらから与えなければならない。

安らかな経験、安らかな言葉、安らかな考えで心を満たせば、**幸せを作り出す貯蔵庫**を持つことができる。そこへ行けば、魂を回復させ、生き返らせることができる。


わたしはある晩、友人の家に泊まった。朝食は、少し変わった趣のあるダイニングルームでとった。四方の壁には、友人が少年時代を過ごした美しい田舎の風景が描かれていた。緩やかな起伏のある丘、なだらかな谷、美しい川の全景である。川は清らかで、陽の光にきらめき、岩にぶつかってしぶきをあげている。道がくねりながら気持ちよさそうな草地を横切っている。小さな家が点々と見える。中央には高い尖塔のある白い教会が描かれていた。

食事中、壁に描かれた絵のなかの興味深い点を示しながら友人が話してくれた。

「よくここに座って、記憶のなかにあるあちこちの場所を訪ね、当時を思い出すんです。少年時代にあの小道を裸足で歩き、つま先に土の感触を感じたことなどです。夏はあの小川で釣りをし、冬はその丘を橇《そり》で滑りました」

彼はにっこりと笑って続けた。

「この教会に通っていました。長い説教をいっぱい聞かされたんですよ。しかし、いま思い出すのは、人々のやさしさと、真正直な生き方です。ここに座ってあの教会を見ていると、父と母と一緒に座席から聞いた讃美歌が聞こえてくるような気がします。ふたりとも教会の横の墓地にもう長く眠っていますが、昔と同じように、両親がわたしに語りかけるのも聴こえます。疲れて、ときには苛立ったり、神経質になったりするときは、ここに座り、毎日が新しく、生き生きとしていた頃を思い出します。心が安らぐんです」

誰もがダイニングルームを壁画で囲むことはできない。ただ、**心を美しい光景で包むのは可能である。**

そうした光景から浮かんでくる思いとともに時を過ごせば、どんなに時間に追われていても、どんなに重い責任を負っていても、このシンプルな方法が良い効果をもたらしてくれる。これは安らかな心へと、安らかに到達するために、安らかに行える方法である。

罪悪感から解放されるには

心の平安について、大事なことを説明しなければならない。心の平安を欠く人は、しばしば、自己懲罰的な考え方の犠牲になっている。過去に何かの罪をおかし、その罪悪感につきまとわれているのだ。彼らは神の赦しを求めている。そして、真摯に赦しを求めれば、神は与えてくれる。それなのに人間は、時として、決して自分を赦さないという、奇妙な側面を見せる。

そうした人は、自分が罰を受けて当然だと考え、それを期待してしまう。その結果、常に何かが起こるという不安のなかで生きている。そして、仕事に打ち込むことで、少しでも罪悪感を忘れようとする。

医者によると、彼が見た症例では、**神経を病んだ患者の多くが、無意識のうちに、忙しく長く働くことで罪悪感を拭おうとしている**という。そのため、患者は病を罪悪感のせいではなく、働きすぎのせいだと考える。

「そもそも罪悪感が解消されていれば、神経をおかしくすることはなかったはずです」と医者は言った。こうした状況で安らぎを得るには、罪の意識と、それによって生まれる不安を、神に委ねるといい。

静かな環境で執筆をするために訪れたリゾートホテルで、わたしはニューヨークから来た顔見知りとばったり会った。彼はある企業の重役で、大きなストレスのもとで精力的に働く、とても気難しい人である。彼はデッキチェアに座って、日光浴をしていた。

「このような美しい場所でゆっくりされているのを拝見して、安心しました」わたしは言った。

彼は落ち着かなそうに返事をした。「ここには仕事を持ってきませんでした。戻ればたくさんの仕事が待っています。プレッシャーがすごいんですよ。おかげで塞ぎの虫に取り憑かれましてね。思い悩んで眠れないんです。いらいらしてしまって。一週間、ここで過ごすよう妻に言われたんです。医者はどこも悪くないから、ただリラックスしなさいと言うのです。しかし、どうしたらそんなことができるんでしょうか?」彼はそう言い、すがるようにわたしを見た。「先生、助けてくださったら何でも差し上げます。わたしは安らぎと落ち着きがほしいんです。それを何より望んでいるんです」

わたしたちは少し話をした。すると、彼が何か悪いことが起こるのでは、といつも心配しているのがわかった。長年、災難が降りかかることを予期し、妻や子どもたちや家に〝何かが起こる〟と思いながら暮らしてきたのだ。

彼の症例を分析するのは難しくなかった。彼の不安には**ふたつの要因**があった。ひとつは子ども時代に、もうひとつは、その後おかした罪によってである。

彼の母親は、〝何かが起こる〟といつも不安に思っていた。その不安がそのまま彼のものになった。また、成人した後、彼はいくつかの罪をおかした。そのせいで、潜在意識が常に彼を罰していた。この不幸な組み合わせの結果、この日、彼はとても神経を高ぶらせていたのだ。

話が終わると、わたしは彼の椅子のそばに立った。近くに誰もいなかったので、ためらいながらも提案した。「よろしければ、わたしと一緒に祈りませんか?」彼が頷いたので、わたしは彼の肩に手を置いて祈った。

「あなたがかつて人々を癒し、安らぎを与えたように、いま、どうぞこの男性を癒してください。あなたの赦しを与えてください。彼が自分を赦すための力を貸してあげてくださ い。どうぞ彼を解放してあげてください。彼の心に、魂に、身体に、あなたの安らぎを注ぎ込んでください」

彼は奇妙な目でわたしを見上げると、顔をそむけた。目にあふれた涙を、見られたくなかったからである。ふたりともどこか気まずくなり、わたしはその場を離れた。

数か月後、彼に再会した。「あの日、先生に祈っていただいたときに何かが起こりました。不思議なことに、平穏と安らぎを感じたのです」彼は言い、さらに付け加えた。「それに、癒されたような気がしました」

現在、彼は定期的に教会へ通い、毎日、聖書を読んでいる。神に従い、元気を得たのだ。心も身体も安らぎを得て、健康で幸せになったそうだ。

3 常にエネルギーを保つ

エネルギーの源

あるメジャーリーグの選手が、高熱があったにもかかわらず、試合で登板した。そのせいで、試合後には体重が減るほどだった。試合中、失われつつあるエネルギーを取り戻すために彼がやったのは、聖書の一節を繰り返すことだった。〝主に望みをおく人は新たな力を得、鷲《わし》のように翼を張って上る。走っても弱ることなく、歩いても疲れない〟[注9]。

これはフランク・ヒラーという選手の話である。彼はピッチャーマウンドにいるときに、この節を暗唱することで力を取り戻し、余力を残して完投した。その手法を「エネルギーを生み出すために力強い考え方を頭に送り込んだ」と説明している。

感じていることをどう考えるか。それが実際に身体に影響を及ぼす。疲れていると考えれば、身体機能、神経、筋肉はその事実を受け入れる。一方、**気持ちが集中していれば、いつまでも活動を続けられる**。

信じる気持ち次第で、エネルギーを増すことができる。十分な支えや力の源があることが、あなたを精力的にする。

コネチカットに住むわたしの友人は、活力と気力にあふれている。彼は〝バッテリーを再充填するために〟定期的に教会へ行くという。彼の考え方は健全だ。

神に触れることで、毎年、新しい春が到来するようなエネルギーがわたしたちのなかに流れる。精神が神に接するとき、神のエネルギーが流れ、その人固有の独創力を取り戻すことができる。

神のエネルギーが得られなくなると、わたしたちの身体や心や精神は枯れていく。

エネルギーの漏れがない男

何年も前に出席した講演会で、講演者が自分は過去三十年間疲れを感じたことがない、と言った。三十年前に、自我を忘れ、神の力に触れるという霊的な体験をしたらしい。それ以来、何をするときも神から必要なエネルギーを得ることができ、それが素晴らしい結果を生んでいるそうだ。彼がそう断言したために、大勢の観衆は深い感銘を受けた。わたしには啓示でもあった。わたしたちは意識的に尽きることのない源から力を得られる。エネルギーの枯渇に悩む必要はない。

わたしは、この考え方を長年研究し、実証してきた。そして、神の教えを科学的に利用すれば、心にも身体にも、絶えず途切れることなく、エネルギーを送り込めると確信するようになった。

この発見は、著名な医者によっても証明されている。その医者とわたしは、共通の知り合いである男性について話したことがある。その男性はとても重い責務を負い、朝から晩まで休みなく働いているが、**常に新しい仕事を引き受けることができるそうだ**。どうやら、効率的に仕事を片付けるコツを知っているらしかった。

「無理をして身体を壊さなければいいが」とわたしが言うと、医者は首を横に振った。

「大丈夫ですよ。医者のわたしから見てもその心配はありません。彼はとても手際がよくて、**エネルギーの漏れがない**んです。規則正しい機械のようなものです。物事に気負わずに対処し、ストレスなく責務を果たしています。エネルギーを無駄にせず、努力することに最大限の力を注いでいます」

「なぜそんなに効率的にできるのでしょう。エネルギーが途切れることがないのでしょうか？」わたしは尋ねた。

医者は、一瞬、考えた。「それは、彼が真っ当な人だということです。感情のバランスがうまくとれているんです。重要なのは、彼がとても信心深いことです。常に精力を保つ方法を学んだのです。信じる心が有効に働いて、エネルギーの漏れを防いでいます。**エネルギーを失うのは、がむしゃらに働くせいではありません。感情が不安定になるからです。**この男性はそれとは無縁なんですよ」

身体と心と魂を調和させる

エネルギーの恩恵を受けるには、精神が常に健全でなくてはならない。

身体は、必要なエネルギーを、驚くほど長い時間、作り出すことができる。食事、運動、睡眠を正しく守り、身体を大切にすることで、大量のエネルギーを発し続け、健康を維持できる。それと同じように、感情もバランスを維持すれば、エネルギーを保つことができる。

先天的な、あるいは自ら身につけた感情の起伏に流されると、精神は消耗し、エネルギーを無駄使いし、生命力を奪われる。身体と心と魂が調和を保っている自然な状態にあれば、新しいエネルギーは絶えることなく供給される。

わたしはよく**トーマス・A・エジソン夫人**と、彼女の夫、偉大な発明家エジソンの習慣や性格について話し合った。エジソンは、長時間、研究所で働いて家に戻ると、ソファに横たわったそうである。子どものように自然に眠りに落ち、完全にリラックスして、すやすやと深く眠ったらしい。三時間か四時間、ときには五時間後に、突然目を覚まし、すっかり元気になると、仕事に戻りたがったとのことだ。

「なぜ彼はそれほど完全な休息をとれたのか」というわたしの質問に対して、夫人はこう言った。「夫は自然な人でしたから」

つまり、エジソンは、**自然に神と調和していた**のである。彼には、執着、混乱、葛藤、考え方の癖といった感情的な波はなかった。眠くなるまで働き、ぐっすり眠って目が覚めると仕事に戻った。そして長生きをし、もっとも創造的な人物として名を残した。

彼は、感情を自制し、完全にリラックスすることで、エネルギーを得ていた。宇宙と素晴らしく調和のとれた関係を持つことができたからこそ、自然が持つ計り知れない秘密を明らかにすることができたのだ。

わたしが出会った、多くの偉大な人々は皆、よく調和がとれていた。彼らは、神からエネルギーを受け取っていた。必ずしも信心深いわけではなくても、感情的、精神的な面は、驚くほどうまくバランスがとれていた。

不安、怒り、両親から受け継いだ欠点、葛藤、執着などは、自然の均衡を崩し、その結果、過度にエネルギーを消費することになる。

身体を自然のテンポに合わせる

年をとるにつれてわかってきたのは、**年齢や環境が、エネルギーや精力減退の理由ではないということだ。**健康は信仰と密接に結びついている。

身体の状態は、心の状態に大きく左右され、心の状態は考え方に強い影響を受ける。

聖書では、どのページでも、生命力と活力と命について語られている。聖書を包括する言葉は命であり、命とは生命力であり、エネルギーのことである。〝わたしが来たのは、羊が命を受けるため、しかも豊かに受けるためである〟[注10)]と聖書にもある。

キリスト教の原則を実践すれば、エネルギーを得られることを示している。

また、生活の速度を適切に保つこともできる。あまりに何もかもを急ぎすぎると、エネルギーは破壊されてしまう。

エネルギーを保つには、わたしたちのスピードを自然の動きに合わせることが大切だ。神はわたしたち自身のなかに存在する。神のテンポに合わせれば、自然なテンポを作り出すことになり、エネルギーは自由に流れる。

現代社会の忙しさは、多くの悲惨な結果を生みだしている。

友人のひとりが、年をとった父親から聞いた話を語ってくれた。昔、青年は夜に女性の家を訪れ、客間に通されて求婚した。当時、時間を告げるのは、大きな振り子時計だった。その長い振り子はまるで、「時間は――たっぷり――ある――」と言っているようでもあった。しかし、現代の時計は振り子が短く、カチカチと時を刻み、まるで「急げ！　急げ！」と言っているようだ。

いまは何もかもが速くなり、誰もが疲れ切っている。それを解決するには、神と速度を合わせるしかない。そのためには、**暖かい日に外出し、大地に寝転がること**である。

地面に耳を近づけてみよう。様々な音が聞こえてくる。木を揺らす風の音も、虫のつぶやきも。すると、こうした音には、規則正しいテンポがあることに気づくだろう。

車の音を聞いていても、このテンポはわからない。騒音によってかき消されてしまうからだ。このテンポは、教会で神の言葉や美しい讃美歌を耳にするときも得ることができる。教会では、神のテンポに合わせて、真理が共鳴している。

もちろん、どんなことにも関心がないために、疲れてしまう人もいる。彼らの心を深く動かすものはない。何が起ころうと、彼らの関心を引くことはできない。

彼らは、人類史上最大の危機よりも自分のことを優先する。大切なのは自分自身の小さな悩み、欲望、憎しみで、それ以外はどうでもいい。彼らは、とるに足らないことを思い悩み、神経をすり減らしている。だから疲れる。病気になることさえある。

疲れを避ける確実な方法は、心から信じるものに夢中になることだ。

疲れる必要はない。何かに関心を持とう。何かに夢中になろう。自分をそれに捧げよう。自分を忘れるのだ。自分の殻を破ろう。何かをしよう。

何もせずにぼやいたり、新聞を読んで「こいつらは何もしない」と文句ばかり言ったりしてはいけない。**何かをしている人は疲れを知らないのだ。**

大きな目的を成し遂げようとしていなければ、疲れても当然である。あなたは崩壊し、退化していく。実を結ばずに消えていくのだ。自分よりも大きなことに没頭すれば、より多くのエネルギーを得ることができる。感情的な問題に足をとられる時間もなくなる。

不安と罪悪感の影響

罪悪感と不安の感情がエネルギーに影響を及ぼすことは、人間の機能を研究している権威者の間では広く認識されている。

罪や不安から人を解放するには大きなエネルギーが必要なので、生きるための機能を維持する分はほとんどなくなってしまう。不安と罪悪感によってエネルギーが差し引かれてしまえば、仕事のために使う分も残らない。その結果、すぐに疲れてしまうのだ。責任に見合う仕事ができなければ、無関心で、無感動で、投げやりな状態になり、すべてを諦め、物憂い無気力な状態へと陥ってしまうだろう。

ある精神科医からビジネスマンの患者を紹介された。通常であれば、道徳的で真面目な人物なのだが、夫のある女性と関係を持ってしまったという。彼は彼女との仲を清算して、以前のようなきちんとした状況に戻りたいと本気で考えていた。しかし別れようとしても相手の女性が承知してくれなかった。

女性は、もし別れるなら、ふたりの関係を夫に話すといって彼を脅した。そんなことになれば、彼の社会的地位は失われ、地域社会においても面目を失うことになる。なぜなら、彼は高い身分にある著名人だったからだ。

秘密が明らかになるのを恐れ、罪の意識に苛《さいな》まれて、彼は眠ることも、休むこともできなくなった。それが、二、三か月続いたため、エネルギーを大きく消耗し、仕事を効率的に行う力を失ってしまった。重要事項が未解決のままになり、状況はさらに悪くなり、夜も眠れなくなった。精神科医に、わたしに会うことを勧められたとき、彼は牧師に解決できるはずがない、と反論した。医者なら効果のある治療をしてくれると考えていたのだ。

わたしは、彼にふたりの不快な相手とベッドをともにして、眠れると思うか訊いてみた。

「ベッドをともにする？」彼は言った。「そんな相手はいませんよ」

「いや、います」わたしは答えた。「このふたりに挟まれて眠れる人は、世界中どこにもいません」

「どういう意味ですか？」彼は言った。

「あなたは毎晩、不安を一方に、罪悪感をもう一方に抱いて、不可能なことをやろうとしています。睡眠薬をいくら飲んでも効きませんよ。すでにだいぶ飲んでいるようですが、効かなかったでしょう。睡眠薬は、あなたのエネルギーと睡眠を奪う原因である深いところまで届かないからです。不安と罪の意識を解消しなければ、眠ることも、元気を取り戻すこともできません」

事実が発覚することへの怖れについては、正しいことをする覚悟を持たせて克服させた。つまり女性と別れた結果、どんなことになってもきちんと向き合うと彼に約束させたのである。

正しい行いは、最終的には正しい結果になる。決して悪いことにはならない。

不安はあったが、彼は誠意を持って正しい行いをした。すると女性は、抜け目のなさか、良心の表われか、あるいはほかに相手ができたのかはわからないが、彼を解放した。

罪の意識については、神の赦しを求めた。心から求めれば赦しは否定されることはない。よって、彼は苦しみから解放され、安らぎを得た。

このふたつの重荷が取り除かれたとき、彼はふたたび正常に機能しはじめた。**眠れるようになり、安らぎを見出し、力を取り戻した。**エネルギーもすぐに戻ってきた。以前よりも賢く、感謝を知る人間となり、日常の活動を行うことができるようになった。

やる気が起きないときの対処法

倦怠感のせいでエネルギーが奪われることも珍しくない。プレッシャー、単調な仕事、際限なく押し寄せる責務などにより、仕事を成功させるのに不可欠な新鮮な気持ちが失われる。アスリートも、一般人も、どんな職業の人もやる気を失うときがくるものだ。そうした気持ちのときは、より多くのエネルギーを使っても、これまで容易にやっていたことが難しくなる。

こうした状況を解決するために、著名なビジネスリーダーで、ある大学の理事長が取り入れた方法がある。かつてはとても優秀で、学生に人気のあった教授が力を失い、学生の関心を引くことができなくなったことがあった。ふたたび興味深い授業をすることができなければ、代わりの人を雇うしかない、というのが学生たちの評価であり、理事会の非公式な意見でもあった。しかし、その決定を下すのはためらわれた。教授が定年に達するまでにまだ数年あったからだ。

理事長は、教授をオフィスに呼んだ。そして、理事会の決定により、経費つきで、六か月の有給休暇を与えることを告げた。ただし、ひとつだけ条件があった。それは、**休息できる場所へ行き、力とエネルギーを完全に取り戻すこと**だった。

理事長は、彼が所有する山小屋を使うよう教授に勧めた。そして、奇妙な提案をした。「本は禁止。ただし、聖書だけを持っていくこと」

それから、毎日、散歩、釣り、庭仕事をし、聖書を読むように言った。聖書は、六か月の間に三回読み返すように、と。

また、聖書にあるすぐれた言葉や考えを頭のなかを満たすために、できるだけ多くの節を覚えるように、とも助言した。

「六か月間、戸外で薪を割り、土を耕し、湖で釣りをし、聖書を読めば、きみはきっと生まれ変われる」

教授はこの変わった提案に従うことに同意した。彼は、これまでとはまったく異なる生活に容易に順応した。その生活が気に入ったほどだった。

外で活動するのに慣れると、それがとても魅力的であるのがわかった。知的な仲間から離れ、読書ができないのを寂しく思いもした。しかし、唯一手元にある聖書を読むと、それに夢中になった。そして、驚くべきことに、聖書一冊が図書室いっぱいの書物に等しいことを発見したのである。彼は聖書のなかに、安らぎと、力を見出し、六か月後には、すっかり生まれ変わっていた。

理事長は、彼が〝人を動かす力を持つ人物〟になった、とわたしに言った。倦怠感は消え去り、以前のエネルギーが戻ってきたため、彼は生きることへの新たな熱意を得たのである。

4 祈りの力を活かす

身体と魂を調和させる

街路沿いの高いビルにあるオフィスで、ふたりの男性が深刻な会話をしていた。仕事でも個人的にも危機的な問題に見舞われている方の男性は、うろうろと落ち着きなく歩き回ったかと思うと、突然座り込み、頭を抱えた。

絶望しているのだろう。彼はここへ、アドバイスを求めてやって来た。なぜなら、もうひとりを理解のある人だと考えていたからである。ふたりは問題をあらゆる角度から検討したが、何の成果もなかったようだ。

問題を抱えた男性は、さらに落胆した。「この世のどんな力も救いにはならない」そう言って、ため息をついた。

もうひとりが、一瞬、考え込み、遠慮がちに言った。

「きみを救う力がないというのは間違いだと思う。ぼくは、すべての問題に対する答えを見つけている。きみの助けになってくれる力は存在するよ」そして穏やかに提案した。「祈りの力を試してみないかい？」

戸惑いながら、問題を抱えた男は言った。

「もちろん、祈りの力は信じてる。だけど、わたしは祈り方を知らないんだ。問題を解決してくれる実用的なものなのかい？　これまでそんなふうに考えたことはなかったよ。やり方を教えてくれないか？」

その後、彼は祈りのテクニックを使い、それによって答えを得た。事態は満足のいく方向に変わった。大変な思いはしたが、最終的には問題を解決できたのだ。いま、彼は祈りの力を熱心に信じ、こう言っている。**「祈ることですべての問題は解決できる。それも正しく解決できる」**

困難を乗り越える三つの方法

ニューヨークで、ある男が、何年も前に小さな会社を興した。彼いわく、それは〝壁にあけた小さな穴〟だった。従業員はひとりしかいなかった。数年後、会社はより大きな部屋へ、その後、広大な場所へと移った。事業として大きな成功を収めたのである。

この男性のビジネスの手法は、〝壁にあけた小さな穴〟に、楽観的な祈りと考え方を詰めることだった。一生懸命働き、積極的に考え、公正な取引をし、人々に正しく接し、正しく祈れば、常に良い結果がでる、と彼は断言した。

創造的でユニークな思考を持つ彼は、問題をシンプルな方法で解決し、困難を祈りの力で乗り越えてきた。変わった手法ではあるが、わたしも実践したことがあり、効果があることを知っている。この方法を勧めた多くの人も、本当に価値があることだと気づいている。あなたにもぜひ勧めたい。

その方法とは、①祈りにする、②イメージにする、③現実にする、ということである。

①祈りにするというのは、毎日、祈ることである。彼は問題が起こると、それを簡潔に、直接的に、祈りにして語った。さらに、神をとてつもなく大きい存在としてではなく、オフィスで、家で、通りで、車のなかで、パートナーや親しい同僚のような存在として話しかけた。〝絶えず祈りなさい〟[注11]という聖書の教えに真摯に従った。
決断を下し、対処すべき問題について、普通の態度で、神に話したそうだ。すると神の存在は、次第に彼の意識に、ついには無意識の思考に影響を及ぼすようになった。

彼は、歩いたり、車を運転したり、他の日常生活を行うのと同じように祈った。日常を祈りで満たし、祈りに従って生きた。

ひざまずいて祈ることはめったになかったらしいが、「これをどうしましょうか?」「何か新しい知恵を授けてくれませんか?」と話しかけた。

次の手法は②**イメージにする**ことである。物理学の基本的要素は力、心理学の基本的要素は、願いを実現することだ。つまり、**成功を想定する人はすでに成功しており、失敗を想定する人は失敗する。**失敗にしろ、成功にしろ、イメージするものは、頭のなかで描かれた通りに実現されることが多い。

確実に実現したいのであれば、まずそれについて祈る。それから、それが実現するイメージを頭に描き、そのイメージを意識のなかにしっかりと留める。そのイメージを神に委ねる。そして、神の導きに従う。懸命に賢明に努力し、成功を実現するために自分ができることをやる。これを行えば、不思議にもイメージが現実化する。

こうしたやり方で、イメージを③**現実にする**のである。あなたが祈り、イメージしたものには、神の力が加わる。さらに実現のために努力すれば、あなたの願いを現実にできる。

わたしは自分自身でもこの三点手法による祈りを実践し、大きな力を見出している。また、ほかの人にも勧めている。彼らも同じように、その方法で創造的な力が引き出されたと知らせてくれている。

離婚を阻止した、ある女性

夫が自分から離れているのに気づいた妻である女性の例を挙げよう。結婚は幸せなものだったが、妻は人とのつきあいで頭がいっぱいで、夫は仕事で忙しかった。ふたりが気づく前に、かつての密接なつながりは失われていた。

ある日、妻は夫が別の女性に関心を抱いているのを知った。気が動転して、ヒステリックになった。そこで、牧師に相談にきた。牧師は巧みに会話を彼女自身に向けた。彼女は、家事の手を抜いていること、また、自己中心的で、言葉がきつく、口やかましくなってしまったことを認めた。

それから、自分が夫と同等だと感じたことがないと告白した。夫に対して深い劣等感を抱き、社会的にも、知的にも夫と同じ立場にはなれないと思っていた。そこで、夫に敵対するような考えを持つようになり、それがかんしゃくや非難となって表われた。

牧師は彼女に、**有能で、魅力的な自分の姿を思い描くように提案した**。それから、「神は美容院を運営していますよ」とか、そう信じることで顔に美しさが加わり、立ち居振る舞いが魅力的で、穏やかなものになりますよ、とちょっと変わったことを言った。

いかに祈るか、いかに頭のなかでイメージにするかを教えた。夫とのかつての密接なつながりを取り戻すイメージを持ち、**夫の良いところを思い浮かべ、調和を取り戻したふたりの様子を描き出す**ようにも助言した。そして、信じる心を持って、そのイメージを保ち続けるように言った。

一方、その頃、夫は彼女に離婚の意志を告げた。彼女は自分を抑え、この要求を静かに受け止めた。そして、もし夫がそれを望むならそうする、しかし、離婚というのは最終的な結論なので、その決定を九十日間延期してほしい、と提案した。「九十日後に、もし、まだ離婚を望むなら協力します」そう静かに言ったのである。夫はいぶかしげな顔をした。彼女が怒り出すだろうと思っていたからだ。

夫は、毎晩、外出したが、彼女は、毎晩、家に残った。そして、夫がいつもの椅子に座っている姿を頭に描いた。かつてそこでゆったりと本を読んでいた夫の姿をイメージにした。夫が家のまわりを散歩したり、以前のように、ペンキを塗ったり、修繕したりするのを頭に描いた。新婚当時、皿を拭いてくれた姿も思い浮かべた。昔のように、ふたりでゴルフをしたり、ハイキングをしたりする光景も心に抱いた。

彼女はそうしたイメージを強く信じながら待ち続けた。すると、ある晩、実際に、夫がいつもの椅子に座ったのである。彼女はこれが想像ではなく、現実だということを二回も見て確かめた。夫はときどき出かけたが、その椅子に座って過ごす夜が増えていった。そして、昔のように、彼女に本を読んで聞かせはじめた。ついに、ある晴れた土曜の午後、こう言った。「ゴルフへ行かないかい？」

そんなふうに楽しく日々が過ぎていき、九十日目がやってきた。その晩、彼女は静かに切り出した。「ビル、今晩が九十日目ですよ」

「九十日目だって？」夫は困惑して尋ねた。

「あら、覚えていないんですか？　九十日後に離婚について決めることになっていたでしょう。今日がその日ですよ」

夫は、一瞬、彼女を見つめた。そして、新聞に顔を隠すようにして、ページをめくった。「何を馬鹿なことを言っているんだ。きみなしではやっていけないよ。わたしが別れたいなんて考えは、いったいどこからきたんだ？」

このようにして祈りの力が強力に働くことが証明された。**彼女は祈り、イメージにし、求めていた結果を現実にした。**祈りの力は、ふたりの問題を解決したのである。

創造的なアイデアを刺激する

祈りの重要な効果のひとつは、創造的なアイデアを刺激することである。心のなかには、人生を成功させるために必要なものがすべてある。アイデアが意識のなかに存在し、解放され、正しく実現され、真価を発揮できれば、どんなプロジェクトも仕事も、成功へと導くことができる。聖書にはこう記されている。〝神の国はあなたがたの間にあるのだ〟[注12]。この言葉は、前向きに生きていくための潜在的な力と能力を神がわたしたちに与えたことを示している。こうした力を汲み上げて、育てるべきだと神は言うのである。

わたしの知人はある企業で、四人の重役の筆頭を務めていた。四人は定期的に〝アイデア会議〟と呼ぶものを行っていた。四人のなかに隠れている、創造的アイデアをすべて探るのが目的である。この会議は、電話もブザーも他のオフィス機器もない部屋で行われる。二重窓で防護され、騒音はほとんど聞こえない。

会議の前に、四人は十分間、静かに祈り瞑想する。独自のやり方で静かに祈り、必要とする適切なアイデアを、神が頭のなかから解放してくれることを、積極的に思い浮かべる。静かな祈りが終わると、四人は口を開き、アイデアをあふれ出させる。アイデアをカードに書きつけ、机の上に放る。この場では、どのアイデアも批判することは許されない。議論をすれば創造的思考の流れが止まってしまうからだ。カードは集められ、会議でひとつずつ評価される。これが、祈りの力によって、創造的なアイデアを獲得するやり方である。

最初にこの会議をやりはじめたときは、アイデアの大半は特別な価値はないものだった。しかし、**会議を続けるうちに、良いアイデアが出る率が高くなった**。いまでは、良い提案の多くがこの〝アイデア会議〟で進化したものだという。

重役のひとりが説明した。「わたしたちは、アイデアを得るだけでなく、**自信**という新しい感情も抱くようになっています。さらに、四人の間には深い**仲間意識**が育ち、それが組織内にも広がっています」

宗教は理論上のもので、ビジネスにおいては居場所がない、といった頭の古いビジネスマンはどこにいるのだろうか。今日、成功を収めた、有能なビジネスマンは、この最新の手法を、生産、流通、管理に取り入れていて、多くの人が、もっとも効果があるのは祈りの力だということに気づいている。

先見性のある人々は、祈りの力を試すことで、より良い感情を持ち、より良い働き方をし、より良い行動をとり、より良い眠りを獲得し、より良い人間になっている。

多くの人のために祈る

わたしは、祈りの、ユニークで様々な方法に関心を抱いているが、もっとも効果があるもののひとつは、フランク・ラバック博士が著書『祈り、この世で最強の力』で提唱したものだろう。わたしはこれを祈りの実用的な書だと考えている。成果をもたらす祈りのテクニックを説明しているからだ。

ラバック博士は、この世の力は祈りによって生まれる、と考えている。彼は、通りを歩きながら、人に向かって祈りを〝浴びせかける〟方法を用いる。彼はそれを〝一瞬の祈り〟と呼んでいる。すれ違う人に、祈りを浴びせかけて、善意と愛の考え方を送り込む。彼とすれ違い、祈りを〝浴びせかけられた〟人は、しばしば振り返って、彼に向かってにっこり笑う。彼らは電気エネルギーのように、力が流れ込んだのを感じるのだろう。

バスのなかでは、乗客たちに祈りを〝浴びせかける〟。憂鬱そうな顔をした男性の後ろに座ったときのことだ。その男性は、顔をしかめながらバスに乗り込んできたのである。ラバック博士は、愛と信仰の祈りを送った。その祈りが男性を包み込み、男性の頭のなかに入り込むのを思い描いた。突然、男性は頭の後ろを掻きはじめ、しかめ面ではなく笑顔を見せて、バスを降りた。ラバック博士は、車やバスのなかの雰囲気を、〝その場全体に愛と祈りの風を送り込む〟ことで変えられると信じている。

わたしは、どんな聴衆を前にするときでも、そこにいる人たちのために祈り、愛の思念を送ってから、講演をはじめることにしている。ときには、落ち込んだ様子の人や、敵対的な表情を見せる人を、ひとりかふたり選ぶ。そしてその人たちのために祈って、善意の考え方を送り込む。

最近、商工会議所の年に一度の夕食会で講演をしたとき、聴衆のひとりが顔をしかめているのに気づいた。わたしを睨んでいるようにも見えた。講演をはじめる前に、その人のために祈り、その人のほうへ祈りと善意の考えをいくつも〝浴びせかけた〟。話をしながらも、それを続けた。

夕食会が終わり、周囲の人たちと握手をしていると、突然、ものすごい力がわたしの手に加わった。目の前には、さっきの男性が立っていた。彼はにこにこと笑っていた。

「実を言うと、今日ここへ来たときは、先生のことをあまり良く思っていなかったんです」

男性は言った。

「牧師は好きじゃないので、商工会議所で講演をする必要はないのではないかと思っていました。だから、講演が失敗するのを願っていました。ですが、なぜか先生の言葉に感銘を受けました。生まれ変わったような気分です。奇妙なことに安らぎを感じるんです。それに、悔しいですが、先生のことが大好きになってしまいました！」

こうした効果をもたらしたのは、わたしの講演ではない。祈りの力が流れたのである。わたしたちは脳のなかに小さな蓄電池を持っていて、力を送ることができる。また、わたしたちの身体には何千という送信局があり、それが祈りによって現れると、とてつもなく大きな力が流れる。

それをほかの人に伝えられる。祈りは送信局にも受信局にもなり、それによって力を送れるのだ。

あなたにも同じことができる。次に、祈りから有効な結果を得るための十の方法を記そう。

祈りの力を活かす10の方法

1. 毎日、数分間祈る

何も言ってはいけない。ただ、神のことを考える。そうすることで、あなたの心の受容力が高まる。

2. シンプルで、自然な言葉を口に出して祈る

頭に浮かんだことをすべて神に伝えよう。型通りの祈りの節を言おうとしなくてもいい。自分自身の言葉で神に話しかけよう。

3. 目を閉じ、外の世界を遮断する

目を閉じ、外の世界を遮断し、神の存在に意識を集中する。一分間、毎日これを続けることで、神の存在をより近くに感じられる。

4. 神の恵みを受け取っていることを肯定する

祈るときは、問いかけるのではなく、神の恵みを受け取っていることを肯定し、祈りの大半を神への感謝のために費やそう。

5. 神の愛と保護に包まれることを信じる

愛する者が神の愛と保護に包まれることを信じて祈ろう。

6. 常に積極的に考える

祈りには消極的な考えを用いてはいけない。積極的な考え方のみが良い結果をもたらす。

7. 与えられるものは何でも受け入れる

常に喜んで神の意志を受け入れると表明する。ほしいものを願ってかまわないが、神から与えられるものは何でも受け入れよう。あなたが願ったのよりも良いものかもしれない。

8. すべてを神の手に委ねる

すべてを神の手に委ねるという心構えを実践する。最善を尽くすための能力を与えてくれるように祈り、結果は神を信頼して任せよう。

9. 怒りを引き起こす人のために祈る

嫌いな人やあなたを不当に扱う人のために祈ろう。怒りは精神的な力を阻害する最大の障害である。

10. より多くの人のために祈る

祈りを届けたい人のリストを作る。より多くの人のために祈れば、より多くの

····

結果があなたに戻ってくる。特に、あなたとつながりがない人のために祈ろう。

····

5 どうしたら幸福になれるか

幸福になろうと決める

あなたが幸せになるのか、不幸せになるのか。それを決めるのは誰だろうか。

答え――それは、あなた自身である。

テレビで活躍する有名人が、ある年配の男性を番組のゲストに招いた。その男性は類まれな人だった。彼のコメントは用意されたものではなかったし、もちろん、事前に稽古をしたわけでもない。彼の言葉は素朴で適切だったので、何かを言うたびに、観客は大笑いをした。彼は観客に気に入られた。有名人はたいそう感心し、聴衆と一緒に楽しんだ。

最後に、その有名人は男性に、なぜそんなに幸せそうなのかを尋ねた。

「幸福になるための、素晴らしい秘訣をお持ちに違いない」

「たいしたことじゃありませんよ」男性は言った。「あなたの顔に鼻がついているのと同じくらい、わかりやすいことです。朝、起きたとき、わたしにはふたつの選択肢があります。幸せになるか、不幸せになるか。わたしがどちらを選ぶと思いますか？　幸せになるのを選ぶのです。それだけのことです」

あまりに単純すぎると思うかもしれない。また、男性が軽薄に思えるかもしれない。しかし、**人は幸福になろうと決めた分だけ幸福になれる**、とエイブラハム・リンカーンも言っている。リンカーンを軽薄だという人はいない。

逆に不幸になりたいと思えば、不幸になれる。これほど容易に達成できることはないだろう。不幸を選べばいい。「すべてがうまくいかず、何をやっても満足できない」と言い続ければ、あなたは間違いなく不幸になる。しかし、「すべてはうまくいき、人生は順調だ。わたしは幸福を選ぶ」と言い続ければ、あなたは必ず選んだものを手に入れることができる。

子どもは大人よりも、幸せになるのが得意である。中年になっても老人になっても、子どもの魂を持ち続けられる人は天才である。

わたしの九歳の娘エリザベスは、幸せが何かを知っている。ある日、わたしは娘に尋ねた。「おまえは幸せかい？」

「ええ、幸せよ」娘は答えた。

「いつも幸せ？」わたしは尋ねた。

「もちろん。いつも幸せ」

「なぜ幸せなの？」

「うーん、わからない。ただ幸せなの」

「幸せだと思う理由があるはずだよ」わたしは答えを促した。

「そうね。教えてあげる。一緒に遊んでいる友だちがいるから幸せ。それから学校。学校へ行くのが楽しいから幸せ。先生も好き。教会へ行くのも好き。日曜学校も、日曜学校の先生も好き。お姉ちゃんのマーガレットもお兄ちゃんのジョンも好き。パパのことも、ママのことも好き。病気になったときに看病してくれるし、わたしを愛してくれるし、やさしくしてくれるもの」


これがエリザベスの幸福の公式だ。

遊び友だち（仲間）、学校（活動の場）、教会と日曜学校（祈りの場）、姉、兄、父、母（愛を確認できる居場所）。これらすべてが盛り込まれている。

簡単に言えば、幸福というのは、そういった場所にある。そして、人生のもっとも幸せな時間は、これらの要因から生まれるのだ。

ある子どもたちのグループが、もっとも幸せを感じさせてくれるものを書き出すように求められた。彼らの答えは感動的だった。

男の子たちはこう書いている。

「飛んでいるツバメ。深く、澄んだ水を覗き込むこと。ボートの舳《へさき》が切って進む水面。猛スピードで走っていく列車。重いものを持ち上げる建設用クレーン。ぼくの犬の耳」

女の子のリストはこうである。

「川に映る街灯。木々の間に見える赤い屋根。煙突から立ちのぼる煙。赤いベルベット。雲がかかった月」

ここには、宇宙の美しさの本質のようなものが表現されている。幸せな人間は、清らかな魂、何げないものにときめきを見つける目、子どものような心、屈託のない精神を持っているのだ。

不幸を製造する人たち

わたしたちの多くは、自分自身で不幸を作り出している。もちろん、すべての不幸が自分のせいで起こったわけではなく、社会的条件が原因の場合もある。しかし、だいたいにおいて、考え方や心構えによって、人生という原材料から、幸福、あるいは、不幸を自ら抽出している。

「五人のうち四人は、然るべき幸せの状態に至っていない」ある著名な権威者はそう言っている。また、こうも言っている。「不幸は心のもっとも日常的な状態である」

人間の幸福が、これほど水準の低いものかどうかについては意見を差し控えるが、**不幸な人の数は、わたしが考えるよりも多い**ようである。人間の基本的欲求は、幸福と呼ばれる状態になることなので、何とかしなければならない。幸福になるのは誰でもできることであり、そのプロセスはシンプルだ。幸福を望み、求め、正しいやり方を学び、実践しようとする人は、幸せになれる。

食堂車で、わたしはある夫婦の向かいの席に座った。まったく知らない人たちだった。妻は、毛皮やダイヤモンドなどの高価な装飾品を身にまとっていた。しかし、とても不快な思いをしているようだった。車両が暗くて隙間風が入る、サービスが悪い、食事が口に合わない、と大きな声で言った。何もかもに不満を漏らし、苛立っていた。

一方、夫は、温厚で、愛想の良い、気さくな人で、どんなことでもそのまま受け入れられるようだった。妻の批判的な態度に困惑し、いくらか落胆していた。妻を楽しませるための旅だったからだ。

会話を変えるために、彼はわたしの仕事を尋ね、自分は法律家だと言った。それから、彼は笑いながらこう言った。

「わたしの妻は製造業です」

わたしは驚いた。妻である女性は、実業家や会社の重役のようには見えなかったからだ。

「何を作っているんですか?」わたしは訊いた。

「不幸ですよ」男は答えた。

「**自分の不幸を作っているんです**」

この無分別な発言によって、テーブルは冷たい空気に襲われた。しかし、わたしは彼に感謝した。なぜなら、その言葉は多くの人がやっていることを示していたからである。つまり、**多くの人が自分自身で不幸を作り出している**のだ。

気の毒なことでもある。人生には多くの問題が起こって幸せを奪っているのに、自分の手でさらに不幸を作り出すとは。何と愚かなことだろう。自分がコントロールできない問題だけではなく、自ら不幸を作り出すとはどんなにつまらないことか。

しかし、ここでは人々がどのように不幸を作り出すのかを強調するのではなく、**この不幸を製造するプロセスを終わらせる方法**を考えてみる。

わたしたちは、すべてがうまくいかないとか、ほかの人は過分なものを手に入れているのに、自分はふさわしいものを手に入れていないとかいった否定的な感情を常に抱く心構えによって、自ら不幸を作り出している。

怒り、悪意、憎しみといった感情で頭を満たすことによって、不幸は作り出される。それでは、不幸ではなく、**幸福を作り出すにはどうすればいいのだろうか。**

幸福を習慣にする

ある列車の旅の最中に起こったことが、その答えになるかもしれない。ある朝、旧式の豪華寝台車両で、六人ほどが男性用休憩室で髭《ひげ》を剃っていた。混み合った場所にいるときの常で、見知らぬ者同士の彼らは、とても明るい気分ではなかった。会話もわずかで、そのわずかな会話でさえ不平不満のみだった。

そのとき、ある男性が大きな笑みを浮かべながら入ってきて、全員に明るく挨拶をした。ところが、返ってくるのは気のないうめき声ばかりだった。

男性は、おそらく無意識に、鼻歌を歌いながら髭を剃った。これが何人かの神経に触ったらしい。そのうち、一人が皮肉たっぷりに言った。

「ご機嫌なようですね。なぜそんなに元気なんですか？」

男性は答えた。

「わたしは幸せなんですよ。明るい気持ちです」それからこうつけ加えた。

「**わたしは幸福でいるのを習慣にしているんです**」

男性が言ったのはそれだけだった。しかし、その場にいた皆が、この興味深い言葉を頭に入れて、列車を降りたに違いない。

「わたしは幸福でいるのを習慣にしているんです」

実に意味深い言葉である。幸福になるか、不幸になるかの多くは、わたしたちがどのような考え方の習慣を育ててきたかによる。聖書には、一生は〝心が朗らかなら、常に宴会にひとしい〟[注13]と記されている。言い換えれば、陽気な心を育てよう、ということである。そうすれば、一生は常に宴会のようなものになり、あなたは毎日を楽しめる。**幸福の習慣からは、幸福な人生が生まれる。**習慣は育てることができるため、わたしたちは自分自身の幸せを作ることができるのだ。

幸福の習慣を育てるには、幸福な考え方を実践するだけでいい。**幸せな考えをいくつも思い浮かべ、それを、毎日、数回、心に伝える。**もし、不幸な考えが入ってきたら、すぐに止め、意識的に外へ押し出して、かわりに幸せな考えを取り込む。

毎朝、目が覚めたら、ベッドに横たわったまま身体の力を抜き、幸せの考えを心に送り込む。**その日訪れる幸せを次々と思い描く。**その喜びを味わう。考えることで、そうした出来事が起こるのだ。

物事がうまくいかないことを考えてはいけない。それを口にすると、現実になってしまう。不幸せな状況を作り出す要素すべてを、自分に引き寄せてしまう。その結果、自分自身に問うことになる。

「なぜ何もかもうまくいかないのだろう？　何が悪いのだろうか？」

その理由は、あなた自身にある。一日をはじめるときの考え方を見直してほしい。

次のやり方を試してみてはどうだろう。目が覚めたら、声に出して、三回、次の文章を言うのだ。〝今日こそ主の御業の日。今日を喜び祝い、喜び躍ろう〟[注14)]。「わたしは今日を祝い、喜ぶ」と言い換えるといい。強く、はっきりした声で、力を込めて繰り返そう。この文章を朝食の前に三回唱え、言葉の意味をじっくり考える。そうすれば、一日を幸せな心持ちではじめることができる。

着替えをしながら、髭を剃りながら、朝食をとりながら、次のような言葉を声に出して言ってみるといい。

「今日は良い日になると信じています。起こる問題すべてにうまく対処できることを信じています。身体的にも、精神的にも、感情的にも好調です。**生きていることは素晴らしい。**これまでにわたしが得たもの、いま得ているもの、これから得るものすべてに感謝します。すべてが破綻することはありません。神はここにいて、わたしと一緒にいて、わたしを見ていてくれます」

わたしには、ある不幸な友人がいた。彼は、朝食のときに、いつも妻にこう言っていた。

「今日も大変な日になりそうだ」

彼は実際に、そう考えていたわけではない。しかし、大変な日になるかもしれない、と言えば、良いほうに転じるのではないかと考える癖があった。

状況は、本当に悪くなっていった。驚くべきことではない。不幸な結果を思い描き、それを肯定すれば、そうした状況を作り出してしまうからだ。

毎朝、幸せな結果を得られることを確信しよう。そうすれば、実際に、それが実現することに驚くだろう。一日を通して、**幸せに生きるための基本原則**にもとづいて、行動し、考えよう。

幸福への道

トルストイは「愛あるところに神あり」と言っている。それに、さらにつけ加えよう。愛と神あるところに幸福あり。つまり、幸福を作り出すための実用的な原則は、愛を実践することである。

わたしの友人であるH・C・マターンは、真に幸福な人である。同じように幸福な妻メアリーとともに、仕事のために国内中を旅している。マターンは、変わった名刺を持ち歩いている。裏側に、彼と妻と、影響を受けた何百もの幸運な人の哲学が記されている。

「幸福への道は、憎しみから心を解放し、不安から意識を解放することである。シンプルに生き、多くを期待せず、多くを与える。人生を愛で満たし、陽の光をまき散らし、自我を忘れ、他人のことを思う。自分が大切にしてもらったように、相手のことも大切にする。これを週に一度試せば、その結果にあなたは驚くだろう」

これを読んで、「新しいことは何もない」と言う人がいるかもしれない。しかし、**試したことがなければ、それは新しいこと**である。

実践してみると、幸福と成功に満ちた人生を送るために使ってきた方法のなかで、もっとも新しく、もっとも新鮮で、もっとも驚くべきものであるのがわかるだろう。たとえ、こうした手法を知っていたとしても、使ったことがなければ何の価値もない。

人生は、そのせいで悲劇的なほど非効率なものになる。家の入口に黄金があるのに、貧しい暮らしをしているようなものだ。その人は人生に賢く対処していない。

このシンプルな哲学が、幸福への道なのだ。マターンが提案する原則をまず一週間だけ試してほしい。それでも、真の幸福がはじまる兆しがなければ、あなたの不幸は、かなり根深いということだろう。

もちろん、こうした幸福の原則が作用するには、強く、質の高い精神力が必要である。**たとえ原則を知っていても、精神力がなければ、有効な結果を得られない**。しかし、強い精神的な変化が心のなかで起これば、幸福を作り出す考え方を獲得するのは、きわめて容易である。これまでに知らなかった幸福感の高まりを感じることができるはずだ。そして、その幸福感は、神を中心にした生き方を続けるかぎり、ずっと失われることがない。

本書で紹介する事例が類まれな話というわけではない。あなたもシンプルな原則を実践すれば、同じ精神を手に入れることができる。

本書を読んだら、それを信じてほしい。なぜなら、それは真実だからである。わたしがそう確信するのは、本書で紹介する人が同じ方法で、活力に満ちた新しい人生を手に入れているからである。

内面的な変化が起これば、あなたは不幸ではなく、幸せを作り出すようになる。その幸せは、これまでとはまるで違う世界に住んでいるのではないかと感じられるようなものだ。実際に、これまでとは違う世界なのである。なぜなら、あなたは新しいあなたになり、どんな世界に住むかを決められるからだ。**あなたが変われば、世界も変わるのである**。

幸せが考え方によって決まるのであれば、心を弱らせ、落胆させる考え方を追い払うことが必要になる。そのためには、まず、そうしようと決意することだ。

次に、わたしがあるビジネスマンに提案したテクニックを活用するといい。

ある昼食会で、彼はめったにないほど落ち込んでいた。彼の話は、心が塞ぐものだった。この世を儚《はかな》む気持ちに満ちていた。

聞いていると、すべてが崩壊に向かっているような気がした。彼は疲れ切っていた。積み重なる問題で頭がいっぱいになり、生きていくエネルギーを失って、逃げ場を求めていた。彼の考え方に、光と信仰を吹き込む必要があった。

そこでわたしは思い切って言った。「もし、元気を回復して、惨めな状態から抜け出たいというのであれば、解決法を教えて差し上げますよ」

「あなたに何ができるのですか？」彼は鼻で笑うように言った。「あなたは奇跡を起こす人なのですか？」

「いいえ」わたしは答えた。「しかし、あなたの不幸を消し去り、人生に新しい流れを与えることができる奇跡の人を紹介してあげますよ」

わたしはそう言って、彼のもとを離れた。

どうやら彼は関心を持ったらしかった。後でわたしに連絡をしてきたのである。わたしは、『あなたの人生を変える40のみことば』というタイトルのわたしの著書を彼に渡した。

その本には、健康と幸福を作り出す四十の考え方が記されている。ポケットに入るくらい小さな本なので、持ち歩いて頻繁に参照し、四十日間、毎日、そのうちのひとつを頭に染み込ませるように、と助言した。

さらにそれを暗記し、意識のなかに溶け込ませ、こうした健全な考え方が、頭のなかに静かな癒しの効果を及ぼすのを思い描くように言った。このやり方に従えば、健全な考えが、病んだ考えを追い払ってくれるはずだ、と請け合った。

最初、彼はこのやり方を奇妙に感じ、疑っていたが、わたしの指示に従った。およそ三週間後、わたしに電話をかけてきて、大声で言った。

「すごいです。本当に効き目がありました。素晴らしいです。立ち直ったんです。こんなことが起きるとは思いませんでした」

彼は〝立ち直り〟、真に幸福な人間になった。この状態が生まれたのは、彼が自分自身の幸福を作り出す力を身につけたからだ。のちに彼は、自己憐憫や自己懲罰的な考え方に向き合うことが、最初の精神的なハードルだった、と言っている。

彼はこうした病んだ考えが問題を起こしていることはわかっていたが、実際に変化するために必要な努力から逃げていた。しかし、指示された通りに、健全な考え方を取り入れるようになると、まず、新しい人生を望むようになり、次に、それを手に入れることができるという事実に気づいた。そして、最後にそれを手に入れようとした。その結果、三週間の自己改善のプロセスによって、新しい幸福が〝降りかかって〟きたのである。

これが幸福の秘訣である。それ以外は後からついてくる。まず、この経験を得よう。そうすれば、真の幸福があなたのものになる。

それはこの世で最高のものだ。この世で何をしようと、必ず手に入れなければいけない。

6 怒りや苛立ちを忘れる

ペースを落とそう

多くの人は、怒りや苛立ちのせいで、力と精力を浪費し、人生を不必要に難しくしている。あなたは怒ったり、苛立ったりすることがあるだろうか。聖書では、〝……いら立つな〟とある。[注15] いまの時代の人々にとって健全な助言だ。生きる力を得るには、怒ったり、苛立ったりするのをやめなければならない。そのためにはどうすればいいのだろうか。

最初のステップは、ペースを落とす、あるいは少なくともペースのテンポを落とすことである。わたしたちは、生活のスピードがどれだけ速くなっているか、あるいは、自分自身をどれだけ急《せ》き立てているかに気づいていない。そのせいで多くの人が身体を壊している。さらに痛ましいのは、心も魂もぼろぼろにしていることだ。たとえ、身体的にはゆったりと暮らしていても、感情的に速いテンポを維持してしまうこともある。そういう意味で、病人でも、速すぎるペースで暮らしている可能性もある。

ペースを決めるのは、考え方である。

あることに大騒ぎをして、また別のことに大騒ぎをすれば、気持ちが騒がしくなり、その結果、ちょっとしたことで怒りが爆発してしまう。力を弱らせる過度なストレスや興奮のせいで苦しみたくなければ、現代人は、もっと生活のペースを落とすべきだろう。

過度のストレスは身体に害を及ぼし、感情を不安定にする。過度なストレスを受けると、疲労や失望感に悩まされる。個人的な問題から、国や世界の状態まで、すべてに怒ったり、苛立ったりするようになる。感情の不安が身体の不調に表われたら、その奥深くにある魂がどんなに苦しい思いをしているか想像してほしい。

ペースが速くては、魂の平安を得るのは不可能である。神はそんなに速くは動かないからだ。わたしたちに追いつこうとはしてくれない。かわりにこう言うのである。

「愚かにもこのペースを守らなければいけないのなら、先に行きたまえ。疲れたら、癒しを与えよう。しかし、いまスピードを落として、生き、動き、わたしの存在のなかに身を置くなら、あなたの人生を豊かにしてやろう」

神は静かに、ゆっくりと、秩序を持って動く。賢明に生きていくための唯一の速度は、神の速度である。神が物事を成し遂げるときは、正しく成し遂げる。しかし、神は決して急がない。

また、怒ることも、苛立つこともない。神は穏やかである。この穏やかさはわたしたちにも与えられている。〝わたしは、平和をあなたがたに残し、わたしの平和を与える〟。[注16)]

ある意味、いまの人々は、哀れな世代である。特に大都会では、緊張や興奮や騒音に満ちている。そして、田舎にもその弊害は伝わっている。空気の波が緊張を伝えるからである。

ある年配の女性がこれに関して、おもしろいことを言った。「人生って毎日あるんですね」彼女は、日々のプレッシャー、責任、緊張がどれほど大きいかを語った。わたしたちに執拗に、貪欲に求める毎日の生活が、わたしたちの重荷になっているのだ。

いまの人々は、このように神経が張りつめた状態に慣れていて、むしろそれがなくては居心地が悪い状態にあるのかもしれない。わたしたちの祖先がよく知っていた森や谷の深い静けさに、いまの人々は不慣れなのだ。慌ただしいテンポのなかで暮らしていると、この世界にある平安と静寂の源に頼ることができなくなる。

自らを静めるために

ある夏の午後、妻とわたしは森を長時間歩いた。そして、美しいモホンク湖の山小屋で休んだ。小屋は、アメリカでもっとも美しい自然公園内の、人の手の入らない山の中腹にあり、なかには宝石のような湖があった。

モホンクという言葉は〝空のなかの湖〟という意味である。切り立つ崖は、大昔に地盤が隆起してできあがったものだ。深い森を抜け出して崖の突端に立つ。岩肌を晒した、悠久な丘の間に開ける巨大な谷を眺める。森や山や谷は、現実世界の喧騒から確実に逃れる場を提供してくれた。

午後は、夏の夕立に襲われた。わたしたちはびしょ濡れになり、少し苛立ちはじめた。せっかくのアイロンの折り目がだめになってしまったからだ。だが、「きれいな雨に濡れたところで害はない」『顔にあたる雨が冷たくて気持ち良い』『すぐに太陽が出て服も乾く」と言い合い、歩きながら木々の下を歩いた。それから、沈黙した。

わたしたちは耳を傾けた。静寂に深く耳を傾けた。厳密に言えば、森は決して静かではない。そこでは無数の活動が常に繰り広げられている。しかし、それほど大きな営みをしているにもかかわらず、耳障りな音ではない。自然の音は、静かで、調和がとれている。

この美しい午後、自然は〝静寂による癒し〟を私たちの上にかざしてくれた。私たちは緊張が解けるのを感じた。

すると、小さな音が聴こえてきて、魔法が消えた。ジルバのような、神経にさわる甲走った音だった。まもなく木の間から、三人の若者が姿を現した。女性ふたりと男性ひとりで、男性はポータブルラジオを運んでいた。

彼らは、都会から森を歩くためにやって来たのだが、残念なことに、その騒音も一緒に持ってきていた。足を止め、わたしたちと会話をした。ラジオを止めて、森の音楽を聴くことを提案しようと思ったが、余計なお世話かという気がした。やがて彼らは行ってしまった。

わたしと妻は、彼らがどれだけのものを失っているかを話した。この平和のなかを歩きながら、人間が作り出すどんな音楽よりも豊かなハーモニーとメロディに彼らは全く耳を傾けていなかった。木々の間を通り抜ける風、高らかにさえずる鳥の声、背後に流れる地球の音楽を聴かなかったのだ。

こうしたことは、森で、大平原で、荘厳な山で、波が白い泡を立てて打ち寄せる砂浜で見られる光景である。

わたしたちは、自然の癒しをもっと活用すべきではないだろうか。聖書の言葉を思い出すといい。〝さあ、あなたがただけで人里離れた所へ行って、しばらく休むがよい[注17]〟。つまり、**静寂の力**を望むのであれば、自らを静めるようにしなければならない。

緊張を和らげる

わたしたちを支配している緊張を和らげるには、自分自身のペースを遅くすることからはじめるといい。そのためには、速度を落とし、気持ちを鎮める必要がある。

怒ってはいけない。苛立ってはいけない。穏やかでいることを実践する。〝あらゆる人知を超える神の平和[注18]〟を実践しよう。そして、わたしたちのなかに湧き上がる、静かな力に注意を向けよう。

友人のひとりが〝プレッシャー〟の結果、休息をとらなければならなくなった。彼は手紙にこう書いてきた。

「無理やり休みをとらされた期間に、多くのことを学びました。静閑のなかでは、神の存在に気づくことができるのを、以前よりもわかるようになりました。人生にはごたごたが起こります。しかし、濁水も静かに置いておけば澄んでくる、と老子も言っています」

ある医者は、自分の患者に少し変わった助言をした。患者は、攻撃的でやり手のビジネスマンだった。気持ちを高ぶらせ、医者に、仕事が山のようにあり、直ちに終わらせなければならない、と訴えた。

「毎晩、仕事がいっぱい詰まったブリーフケースを家に持って帰ります」患者は神経質な口調で言った。

「なぜ、夜に家で仕事をするのですか?」医者は静かに尋ねた。

「やらなければならないからです」患者はむっとして答えた。

「かわりの人にやってもらったり、手伝ってもらったりすることはできないのですか?」

医者は訊いた。

「できません」患者はぴしゃりと言った。「わたししかできないんです。ちゃんとやらなければいけませんから。ちゃんとできるのはわたしだけなんです」

「では、処方箋を書いたら、それに従いますか？」医者は言った。

処方箋というのは、次のようなものだった。

毎日、二時間仕事から離れ、散歩に出かけること。それから、週に半日休みをとり、墓地で過ごすこと。

患者は驚いて尋ねた。「なぜ墓地で半日を過ごさなければならないんですか？」

医者は答えた。「墓地を歩き、その場所に永遠にいる人たちの墓碑を見てほしいからです。そして、考えてほしいのです。その人たちの多くが、あなたと同じように、世界のすべてが自分の肩にかかっているのだと思っていたことを。

あなたが永遠にそこで眠ることになっても、世界は同じように続いていくという厳粛な事実を受けとめてみてください。あなたはとても重要な人物ですが、ほかの人も同じようにできるでしょう。墓石のひとつに腰をおろし、次の言葉を繰り返し、口にしてください。

〝千年といえども御目には　昨日が今日へと移る夜の一時にすぎません〟[注19]」

患者は医者の言っていることを理解し、ペースを落とした。仕事をほかの人に任せることを学び、**自分自身が大切だという正しい感覚を取り戻した**。怒ったり、苛立ったりすることもなくなり、平穏を得るようになった。

彼がこれまで以上に良い仕事をするようになったことは、言っておいたほうがいいだろう。組織はより良く機能し、事業は以前よりもいい状態にあるそうだ。

ある著名な製造業の社長は、緊張感に苛まれ、いつもぴりぴりと気を張っていた。彼の説明によると、〝毎朝、ベッドから飛び起きると、すぐにギアを高速に入れる〟そうだ。〝朝食も速く飲み込むため卵を半熟にする〟ほど、慌ただしい。こうしたせわしないペースのせいで、正午を迎える頃にはへとへとになってしまう。夜は疲れ切ってベッドに入るそうだ。

偶然にも、彼の家は木立のなかにあった。ある朝、彼はベッドから出て窓辺に座った。夜の眠りから目覚める鳥たちの様子が目に入った。ある鳥が、羽根を膨らませ、頭を埋めるようにして眠っていた。彼が起こすと、その鳥はくちばしを羽根の下から引き抜き、眠そうな目であたりを見回した後、片脚をいっぱいに伸ばして、翼をその脚にかぶせるかのごとく扇のように広げた。それから、脚と翼を元に戻し、反対側の脚と翼も同じように伸ばした。

その後、もう一度、頭を羽根の下に埋めて、ふたたび持ち上げた。今度は、まわりを熱心に見回し、脚と翼をいっぱいに伸ばすと、ひとしきりさえずった。最後に、心を震わせるような美しい鳴き声でその日を称えると、枝から降り、冷たい水を飲んで、餌を探しに出かけた。

「鳥があんなふうに、ゆっくりとのんびり日を覚ますのなら、わたしも同じようなやり方で一日をはじめてもいいのではないだろうか？」

彼は考えた。そして、実際、同じことをした。歌さえも歌った。歌は特に有益で、緊張を解く働きがあることがわかった。

「歌は上手ではありません」彼はくすくす笑いながら言った。

「だけど、静かに椅子に座って歌いました。たいがいは讃美歌や楽しい歌です。わたしが歌うなんて想像もつきませんでしたが、やりました。妻はわたしの頭がおかしくなったのかと思ったそうです。

鳥がやったことにひとつだけ加えて、短い祈りも唱えました。それから鳥と同じように、何か食べたくなりました。ベーコンと卵のしっかりとした朝食がほしくなりました。それを時間をかけて食べました。その後、ゆったりとした気持ちで仕事に向かいました。一日を、神経を張りつめることなくはじめたのです。その日は一日、穏やかで、リラックスして過ごすことができました」

速く進むために、ゆっくり漕ぐ

かつてカヌーの選手として大学選手権で優勝した人の話を聞いたことがある。彼らのコーチはすぐれていて、選手たちに次のように言ったそうだ。

「このレースを、あるいはどんなレースでも、**勝つためにゆっくり漕げ**」

慌てて漕げばストロークが乱れ、ストロークが乱れれば、勝つためのリズムを取り戻すのが難しい、その間に別のチームに抜かれてしまう。

「速く進むために、ゆっくり漕げ」

確かに賢いアドバイスである。

ゆっくり動き、一定のペースを保つには、調整力のある神の安らぎを、魂に取り入れるのがいいだろう。そうすれば、それが神経や筋肉にも伝わるからだ。

筋肉や関節に神の安らぎを取り入れようとしたことはあるだろうか。神の安らぎがあれば、関節の痛みは和らぐ。筋肉は、より自然に動く。筋肉に毎日話しかけ、関節や、神経にこう言ってみよう。

「**苛立つな**」

ソファやベッドの上でリラックスして、頭からつま先まで、一つひとつの筋肉のことを考え、語りかけてみよう。

「神の安らぎがわたしに触れている」

それから、その安らぎが体中に触れるのを〝感じる〟ようにする。やがて、筋肉にも関節にも、それが届くようになる。

ペースを落とそう。ストレスなく、無理をせず、努力を続ければ、心から求めるものを、手に入れることができる。

ゆったりとしたテンポのもとで、努力しても得ることができなければ、それはそもそも存在しなかったものなのである。**手に入れ損ねたのであれば、それは、手に入れるべきものではなかった**のだ。健全で、自然で、神が命じるペースを求めるべきである。

精神の平安を実践し、維持しよう。興奮した神経を緩める術を学ぼう。そのためには、ときどき休み、こう言おう。

「いま、神経の興奮を鎮めている。それはわたしから流れ出ていく。わたしは平穏を感じている」

怒ってはいけない。苛立ってはいけない。穏やかな気持ちでいることを学ぼう。

こうした状態を得るには、穏やかな考え方を実践するといい。わたしたちは、毎日、身体を適切な状態に保つため、入浴、歯磨き、運動など、様々なことを行う。

同じように、精神を健康な状態に保つには、決まった習慣が必要なのだ。そのための方法は、静かに座って、平穏な考えを精神に送り込むことだ。

たとえば、そびえたつ山、霧がかかった谷、陽の光が差す川、水面に映る月の光などの思い出を送り込むといい。

少なくても二十四時間に一回、できれば一番忙しい時間帯に、十分か十五分間、意識的に休みをとって、静かな時間を作ろう。

向こう見ずな速さで進むわたしたちを、断固として止めなければいけない。**止めるための唯一の方法は、止まること**だ。それを強調しておきたい。

わたしはある講演に向かうとき、主催者と、初めて列車のなかで顔を合わせた。一緒にサイン会場の書店に駆けつけ、それからまた別のサイン会場の書店へ向かった。

終了後、急いで昼食会に連れていかれた。昼食会をせわしなく終えると、息をつく間もなく会合に出た。会合が終わると、すぐにホテルへ戻り、着替えてパーティに参加し、数百人に会い、フルーツポンチを三杯飲んだ。その後、ホテルへ帰ると、ディナーまで着替えの時間が二十分だけあると言われた。着替えが終わった頃に電話が鳴り、受話器の向こうで誰かが言った。

「急いで、急いで。すぐにディナーに行かないといけません」

わたしは神経を高ぶらせて答えた。「すぐに降りていきます」

慌てて部屋を飛び出した。服をすばやく撫でおろし、ちゃんとしているか確認すると、速足でエレベータに向かった。

しかし、突然、足が止まった。息切れがしていた。わたしは自分自身に尋ねた。

「いったいこれは何だ？　こんなに慌てて何の意味があるのだろうか？　馬鹿げている！」

それから、自分を取り戻して考えた。

「わたしはディナーに行きたいのだろうか。わたしは話をしたいのだろうか。わたしはディナーへ行く必要はないし、スピーチをする必要もない」

わざとゆっくり部屋に戻り、時間をかけて部屋の鍵を開けた。そして、電話をした。

「もしディナーへ行きたければ、先に行ってください。席をとっておいていただければ、後から行きます。ですが、これ以上、急ぐのは無理です」

電話を終えると、上着を脱いだ。腰を下ろして、靴を脱ぎ、脚をテーブルの上に投げ出し、そのまま休んだ。

それから聖書を開いて、ゆっくりと読んだ。〝目を上げて、わたしは山々を仰ぐ。わたしの助けはどこから来るのか[注20]〟。それから、聖書を閉じて、自分自身に語りかけた。

「さあ、もっとゆっくりと、リラックスして生きよう」

そして、断言した。「神はここにいて、神の安らぎがわたしに触れている」

「何も食べる必要はない」わたしはそう判断を下した。「いずれにしても食べ過ぎた。それに、ディナーはたいしたものではないかもしれない。ここで静かにしていれば、八時にはもっと良いスピーチができるはずだ」

わたしは十五分間休憩して祈った。

部屋を出たときに抱いた安らぎと自制の感覚は忘れられない。何かを克服し、**自分の感情をコントロールした爽快感を覚えた**。晩餐会の部屋に着いたとき、皆は最初の皿を終えたところだった。つまり、わたしはスープを逃しただけである。たいした損失ではなかったのだ。

この出来事によって、わたしは神の存在を感じる素晴らしい体験をした。単に止まり、静かに聖書を読み、平穏な考えを数分間抱くだけで、こんなに価値あるものを得たのである。

感情をコントロールする

感情をコントロールするには、癒しのテクニックを実践することが、大切である。魔法のような簡単な方法では、感情をコントロールすることはできない。書物を読むのは助けになることは多いが、それだけでは不十分である。規則的に、継続的に、科学的に、そして創造的に信仰を育てることだけが、唯一、確かな方法だ。

この重要な手順を実践するときは、まず身体の動きを静めることから行うといい。

部屋のなかを行ったり、来たりしない。両手をもみ合わせない。ドスドス歩いたり、大きな声を出したり、言い合いをしたりしない。あたふたしない。興奮すると、身体の動きが大きくなるので、簡単なことからはじめるといい。じっと立つ、静かに座る、横たわる。低い声のまま話すのも効果がある。

平穏を保つには、平穏な考え方をするのが大切だ。身体は、頭を通過する思念に敏感に反応するからである。

まず**身体の動きが鎮まれば、心も鎮まる**。身体の状態から、好ましい心の状態を引き起こすこともできる。

わたしは、ある会議に参加したときのことをスピーチで語った。その話を聞いた男性が、感動し、それを心に刻んだそうである。彼はわたしが勧めたテクニックを試し、怒りや苛立ちをコントロールするのに役立てたらしい。

会議の議論は長引き、ついに混乱状態になった。皆が神経をすり減らし、一部はいらいらしているようだった。辛辣な言葉が飛び交った。

そのとき、突然、ある男が立ち上がった。彼は、ゆっくりと上着を脱ぎ、襟を開け、ソファに横になった。皆が驚いた。ある人は「具合が悪いのか」と訊いたほどである。「いいえ」と男は言った。「具合は悪くありません。しかし、腹が立ってきたんです。以前、横になったまま腹を立てるのは難しいことを学びました」

わたしたちは笑った。緊張した空気が緩んだ。それから彼は、自分自身に〝小さなトリックを試した〟話をした。

彼は短気で、腹が立つと、こぶしを握り締めて、大きな声を出す癖があった。そこで、意識的に指を伸ばし、こぶしを握らないようにしているそうだ。**緊張や怒りを感じてきたら、声を抑え、極力低い調子で話をする。**「囁き声では言い争いはできません」彼はにやりと笑って言った。

この方法は、感情的な高ぶりや苛立ちや緊張を和らげるのに有効である。

平静になるための最初のステップは、身体の反応を抑えることなのだ。そうすることで、激しい感情が、すばやく鎮まっていくのがわかるだろう。感情が鎮まれば、怒りや苛立ちも消え、精力や力を驚くほど節約できる。疲れも少なくなる。

さらに、**無気力で、無感動で、無関心である練習もしてみるといい**。ある程度なら、怠け者になってみるのもいいだろう。そういう人は、感情を爆発させることが少ないからだ。自分をうまく抑制したい人は、こうした反応をある程度、できるようになるといい。

もちろん、自分をうまく抑制できる人は、鋭く敏感な反応を失いたくないと思うかもしれない。しかし、無気力でいることの練習によって、興奮しがちな人でも、感情のバランスを保てるようになる。

次に示すのは、わたし自身の怒りや苛立ちを抑えるために効果があった六の方法である。これまで勧めてきた多くの人が実践し、その価値を認めている。

怒りや苛立ちを抑える6の方法

1. 椅子にリラックスして座る

椅子にゆったりと身体を預けよう。つま先から頭のてっぺんまで、すべての部位から力が抜けていくのを感じたら、次の言葉でリラックス状態を確認しよう。「わたしのつま先はリラックスしている。わたしの指はリラックスしている。わたしの顔の筋肉はリラックスしている」

2. 心の波を落ち着かせる

あなたの心を、嵐のなかで波立ち、荒れる湖の水面だと考えよう。しかし、いま波は静まり、水面は穏やかで、落ち着いている。

3. 美しく平和な風景を思い出す

二、三分間でいい。これまで目にしたもっとも美しく平和な風景を思い出そう。日暮れどきの山、早朝の静けさに満ちた深い谷、真昼どきの森、波打つ水面に映る月の光などを記憶のなかに蘇らせよう。

4. 静寂や平穏を示す言葉を繰り返す

ゆっくり、静かに、静寂や平穏を示す言葉を繰り返そう。たとえば、「平静（意識的に静かな調子で言う）」「平穏」「静寂」などである。こうした言葉を思い浮かべ、繰り返そう。

5. 見守ってくれている存在を思い出す

神が見守ってくれていると感じたのはどんなときかを書き出し、恐れたり、不安になったときに、思い出そう。それから、古い讃美歌からの一節を口に出して唱えよう。〝み恵みたしかなれば、今なおわが主は導きたもう　旅路を[注21)]〟。

6. 次の言葉を繰り返す

心を和ませ、鎮めるために素晴らしい力を発揮する節を繰り返そう。〝堅固な思いを、あなたは平和に守られる／あなたに信頼するゆえに、平和に[注22)]〟。できれば声に出して、一日に数回、この言葉を繰り返そう。この言葉を心に染み込ませ、あなたの考え方に安らぎの治療薬を送り込もう。これは心の緊張を解くもっともよく知られた薬である。

7 いかにベストを尽くすか

この世で一番強力な法則

「なぜわたしの息子はどんな仕事に就いてもうまくいかないのだろうか？」ある父親が三十歳の息子のことを不思議に思った。

確かに、なぜうまくいかないのか、はよくわからなかった。彼はすべてを備えているように思えたからだ。良い家庭で育ったので、教育や仕事のチャンスはほかの人よりも多かった。

それにもかかわらず、彼は失敗する傾向にあった。何をやってもうまくいかないのである。一生懸命努力しているのに、成功を逃してしまうのだ。まもなく、彼は答えを見つけた。奇妙なほどシンプルだが、有効な答えだった。新しく見つけたこの秘密をしばらく実践するうちに、失敗への流れを絶ち切り、成功を掴めるようになってきた。**彼の個性が働きはじめ、力を発揮するようになった。**

わたしは、勢いを誇るこの若い男性を称賛せずにはいられなかった。「本当に驚きました」わたしは言った。

「数年前は、あなたは何をしても失敗していました。いまでは独創的なアイデアによって、素晴らしい事業を行っています。いまは地域のリーダーですよ。この目覚ましい変化について説明してください」

「実にシンプルなことなんです」彼は答えた。

「**信じることの魔法を学んだだけ**です。最悪のことを予想すれば、最悪のことが起こるのに気づきました。**最良のことを期待すれば、最良のことが起こるんです。**実際には、聖書の節を実践しました」

「その節は?」

「〝『できれば』と言うか。信じる者には何でもできる〟[注23]です。わたしは信心深い家庭に育ったので、この章句は何度も耳にしていました。しかし、わたしには何の意味もなかったのです。ところが、あるとき、教会で、先生がこれを強調しました。

そのとき、わたしがうまくいかないのは、積極的に考え、神や自分自身を信頼するための訓練をされていないと気づいたのです。そこで、先生が教えてくださった、自分自身を神の手に委ねよという言葉に従い、すべてを積極的に考えられる方へ、自分自身を訓練したのです。さらに、正しく生きる努力もしました」

彼は笑顔を見せた。「わたしと神は力を合わせたのです。このやり方を取り入れたところ、ほとんどすぐに、すべてが変わりはじめました。もっとも悪いことでなく、**もっとも良いことを期待する習慣**を身につけました。それが、最近、わたしに起こったことです。まるで奇跡のような話ですよね」彼はそう言って、この素晴らしい話を締めくくった。

これは奇跡でも何でもない。

彼はこの世で一番強力な法則のひとつ、つまり、信じないのではなく、**信じるように心の習慣を変える**という法則を学んだだけである。疑うのではなく、期待する。すると、すべてに可能性が生まれるのだ。

これは、信じればほしいものを手に入れられる、ということではない。

たとえば、それがあなたにとって良くないものだとする。神を信頼すれば、あなたのためにならないもの、神の意志と調和しないものをあなたが求めなくなるように導いてくれる。不可能と思えるものが、可能かもしれない領域に入ってくるのだ。どんな大きなことでも、実現できる可能性が生まれてくる。

常にベストを期待する

最良のものを期待すれば、心のなかの磁力が放たれ、**引き寄せの法則**によって、最良のものを得られる。しかし、最悪のものを期待すれば、反発力が放たれ、最良のものを遠ざけてしまう。**最良のものを期待し続けることが、最良のものを実現する力を動かす**のである。

これを説明する興味深い例は、著名なスポーツ記者だったヒュー・フラートンの記事である。わたしは彼が書くスポーツ記事が大好きだった。忘れられないのは、サンアントニオ・クラブの監督だったジョシュ・オライリーの物語だ。サンアントニオ・クラブは偉大な選手を擁していて、そのうち七人は三百本安打を達成していた。誰もがリーグ優勝は簡単に手に入ると考えていた。しかし、チームはスランプに陥り、最初の二十試合のうち十七試合で負けた。選手たちはヒットを打てず、互いをチームに〝不運をもたらす人物〟として非難しはじめた。

その年、弱いチームと考えられていたダラスとの試合で、サンアントニオのヒットはわずか一本、しかも、ピッチャーが打ったものだった。サンアントニオは、その日、大敗した。

試合の後、クラブハウスに戻った選手たちは、意気消沈していた。オライリーは考えた。**スター選手が揃っているのだから、問題は考え方だけだ。**現に、選手たちはヒットを期待していなかったし、勝つことを期待していなかった。負けを期待していたのだ。勝利ではなく、敗北を考えていた。

この消極的な考え方が彼らを抑制し、筋肉を固まらせ、タイミングをはずさせ、そして、チームのなかの流れを絶ったのである。

当時、近所にはシュレイターという名の人気牧師がいた。彼は信仰の治療者として知られ、驚くべき成果をあげていた。人々は、彼の話を聞くために集まってきて、ほとんど誰もが彼を信じていた。おそらく、人々がシュレイターを信じているから、シュレイターは成果を出すことができたのだろう。

オライリーは選手それぞれに、一番良いバットを出すように言い、バットを手押し車へ入れて、出かけていった。それから、戻ってくると嬉しそうに選手たちに、牧師のシュレイターが祈ってくれたので、ここにあるバットには力がこもっている、と言った。選手たちは驚き、そして喜んだ。

次の日、チームはダラスに圧勝した。ヒット三十七本で、二十得点を挙げたのである。その後、リーグ優勝への道をまっしぐらに進んだ。記者のフラートンは、南西部では、今後、何年も〝シュレイターのバット〟を手に入れるために野球選手は大金を払うことになるだろう、と書いている。

シュレイターの個人的な力はともかく、これは野球選手たちの心のなかにとてつもないことが起こったことを示している。彼らの考え方が変わったのである。

彼らは、疑いではなく、期待を抱きはじめた。最悪のことでなく、最良のことを期待した。安打し、点を取り、勝つことを期待して、それを実現した。望むものを手に入れる力を得た。

バット自体は変わっていない。それは間違いない。しかし、それを使う人の気持ちが変わったのだ。いまや、彼らは安打できることを知った。得点できることを知った。勝利できることを知った。**新しい思考の型**が、彼らの気持ちを変え、創造的力が働いたのである。

あなたは、人生のゲームをこれまでうまくやってこられなかったかもしれない。バットを振っても、ヒットできなかったかもしれない。しばしば三振し、打率は嘆かわしいほど低いかもしれない。

では、どうすればいいのか、提案しよう。効き目があることは保証する。そうできるのは、何千という人が試して、素晴らしい結果を得ているからだ。このやり方を本気で試せば、状況はあなたにとって大きく変わるだろう。

まず聖書を読んでみてほしい。信じることについて触れている箇所がいくつもあるのに気づくだろう。そのなかでもっとも強力なもの、**あなたがもっとも好きなものを十個選び、それを暗記する**。その言葉に示されている、信じることの概念を意識に染み込ませる。何度も何度も、特に夜眠る前に、その言葉を唱える。

そうすることによって、意識に染み込んだ概念が潜在意識へと浸透していく。やがて、あなたの基本的な考え方が変わる。その過程で、あなたは〝信じて期待する人〟に変わり、その結果、目的を達成することができる。真に望むものを獲得する力を手に入れられるのだ。

人生では、出し惜しみをしない

正しい考え方の効果について学んだことがなければ、疑い深い人は、わたしの主張を信じないかもしれない。

最悪のことでなく、最良のことを期待すれば、状況はより良くなる。自己不信から解放されれば、自分の身を捧げて努力できる。問題に注力するうえで、邪魔になるものは何もないからだ。あなたが身も心も集中して取り組めば、問題は消えていくことだろう。

身体、感情、魂の力がすべて集中し、まとまった力は、圧倒的な強さを発揮する。

最良を期待することは、達成したい目標に専心する（つまり、人間性の中心となる本質を賭けて打ち込む）ことである。人生において敗北を喫するのは能力不足が原因のときもあるが、こうした専心が足りないせいであることも多い。

成功を一心に期待していないせいなのだ。ひたむきに取り組んでいないせいである。自分を捧げるのを拒む人に、成果が与えられるわけがない。

人生において成功し、心から望むものを手に入れるための主な秘訣は、あなた自身を解放し、取り組んでいる仕事やプロジェクトに全身全霊を傾けることである。つまり、やろうとすることに、持っているものすべてを捧げるのだ。

力を控えてはいけない。人生すべてを賭けて向かってくる人は否定されない。しかし、大半の人はそうはしない。そうする人のほうが少ない。これが失敗の、あるいは、望んだものの半分しか得られない理由である。


有名なカナダのスポーツのコーチ、エース・パーシヴァルは、スポーツ選手であっても、そうでなくても、ほとんどの人は〝出し惜しみ〟をすると言う。つまり、常に、何かを出し渋っているそうだ。試合に百パーセント自分を投じることができない。そのため、達成できるものを、達成できずにいる。

著名な野球アナウンサーであるレッド・バーバーは、自分を完全に投じることができる選手はわずかしかいない、と言っている。

出し惜しみをしてはいけない。すべてを出し切ろう。そうすれば、人生があなたに対して出し惜しみをすることはなくなる。

どこへ到達したいか知る

当然ながら、最良の結果を得るプロセスにおいて重要なのは、**あなた自身が人生においてどこへ到達したいかを知ること**である。あなたは目的を達成できるし、最良の夢をかなえることができるし、行きたいと思うところへ行ける。しかし、そのためには目的をはっきりさせなければならない。何を期待するのかをはっきり定義しなければならない。

多くの人がどこへ到達していいかわからないがために、どこへも行けずにいる。彼らには明確で正確に定義した目標がない。漠然と考えていても、最良のものは得られない。

ある二十六歳の男性がわたしのところに相談にきた。彼は仕事に不満を持っていた。しかし、人生の大きな隙間を埋めたいという望みを持っていた。どうすれば、状況を変えられるのかを知りたがっていた。彼の動機は、利己的なものではないし、価値があるものに思えた。

「それで、どこへ到達したいのですか?」わたしは尋ねた。

「具体的にはわからないんです」彼がためらうように答えた。「それは考えたことがありませんでした。ただ、いまとは違うところへ行きたいのです」

「あなたが一番得意なことは何ですか? あなたの強みは?」

「わかりません。それについても考えたことがありませんでした」

「選べるとしたら、どんなことをやりたいですか？　本当にやりたいことは何ですか？」

わたしはさらに訊いた。

「それもわかりません」彼は力なく答えた。「自分が何をやりたいのかわからないんです。考えたことがありませんでした」

「そうですね。あなたはここではないところへ行きたいと考えている。しかし、どこへ行きたいかわからない。自分が何をできるか、何をしたいかもわからない。どこかへ到達することを期待する前に、自分の考えをまとめなければいけません」

多くの人がここで失敗する。どこへ行きたいか、何をやりたいか、ぼんやりとしか考えていないために、どこにも行けない。**目的がなければ、結果には辿りつけない**。

わたしたちは十分な分析をした。この若い男性の能力を試し、彼が自分でも気づいていない資質を持っているのを発見した。しかし、彼を前に進ませるには勢いが必要だった。

わたしは、実用的な信仰のテクニックを教えた。

いま、彼はどこへ行きたいのか、いかにそこへ到達したいのかをわかっている。何が最良かを知り、それを得ることを期待している。彼を止めるものは何もない。

わたしはある著名な新聞の編集委員に尋ねた。彼は人に刺激を与えてくれる存在である。

「あなたはどうしてこの重要な新聞の編集委員になれたのですか？」

「そう望んだからです」彼は答えた。

「それだけですか？」わたしは言った。「なりたいと思ったからなれた、ということですか」

「いえ、それだけではないかもしれません。しかし、それが大きな部分を占めています。どこかへ達したいと思うなら、何になりたいのか、何を達成したいのかを明確に定義しなければなりません。

目的は必ず正しいものにします。それから、その目的を心のなかに描いて、それを持ち続けます。一生懸命努力し、信じれば、その考えは強くなり、成功につながります。心に描いたものが強く、目的が健全なものであれば」

そう言って、編集委員は使い古したカードを財布から取り出して言った。「わたしはこの節を、毎日、繰り返し言っているんです。これがわたしの考えを支配しているんですよ」

それを書き写したので、読者の皆さんに紹介しよう。

「自分を信頼し、積極的で、楽観的で、成功を確信して仕事を引き受ける人は、自分を磁石のように変える。自分自身に宇宙の力を引きつけるのである」

これは事実である。自分を信頼し、楽観的な考え方をする人は、目標を引き寄せるための力を放つ。だから、常に、最良のことを期待するといい。最悪のことを考えてはいけない。そんな考えは、頭から振り払い、追放しよう。最悪のことが起こるという考えが、頭のなかに残らないようにしよう。

最悪のことという概念を受け入れるのも避けよう。どんなことでも取り入れてしまえば、大きくなっていくからである。

もっとも良いものだけを取り入れよう。それを育て、それに注力し、強調し、イメージ化し、祈りにし、信仰で囲もう。それに執着しよう。最良のことを期待すれば、創造的な精神力は、神の力を借りて、最良の結果を生み出す。

どんな考えを実践しても状況は変わらない、と思う人もいるかもしれない。それに対する答えは、そんなことはない、である。たとえ、最悪の状態にあっても、**最良のものは潜在的にあなたのなかにある**。後はそれを見つけ、解放し、ともに立ち上がればいい。勇気も必要だし、人間性そのものも問われる。しかし、もっとも求められるのは、信じる気持ちである。信じる気持ちを持てば、必要な勇気も、人間性も備わってくる。

信じる力が奇跡を生む

「心が強く期待するものを得る」というのは、信頼のおける原則である。おそらくこれが真実なのは、期待するものが、心底ほしいものだからだ。

強い望みを作り出さなければ、求めるものがあなたを避けていってしまうこともある。〝心を尽くしてわたしを求めるなら[注24)]〟――これが秘訣だ。つまり全身全霊を傾けることで、心が望むものに手を伸ばすことができるし、それが無駄にならない。

偉大なる法則を示す言葉を教えよう――「信じる力が奇跡を生む」

これには、強い力が込められている。この言葉を常に意識のなかに置いておこう。潜在意識に浸透させ、どんな困難も乗り越えられるようになろう。常に思い出して、何度も、何度も唱えよう。あなたの心がこの言葉を受け入れ、信じられるようになるまで、何度も繰り返そう。

「信じる力が奇跡を生む」

この概念が有効であるのを疑ったことはない。これまでに効果があったのを何度も見てきたので、わたしは信仰の力にどこまでも魅了されているのである。

あなたはどんな障害も乗り越えられる。途方もなく大きなことも、信仰の力があれば達成できる。それでは、どうすれば信仰の力を得られるようになるのだろうか。答えは、心のなかを聖書の偉大な言葉でいっぱいにする、ということだ。一日一時間、聖書を読み、偉大な節を記憶に刻み込めば、人間としての在り方が変わる。あなた自身やあなたの体験のなかで変化が起こる。つまり奇跡が起こるのだ。

一部分だけでいい。「マルコによる福音書 11章」の次の節だけでも十分だ。次の言葉を読めば、秘密を見つけられるだろう。

これは聖書のなかの偉大な公式のひとつである。〝神を信じなさい。はっきり言っておく。だれでもこの山に向かい、「立ち上がって、海に飛び込め」と言い、少しも疑わず、自分の言うとおりになると信じるならば、そのとおりになる〟[注25]。

この理論はわたしが考えついたものではない。人間が知る、もっとも信頼性の高い書物によって教えられている。知識や科学がどんなに発達しても、聖書はどんな書物よりも多くの人々に読まれてきた。人間は、ほかのどんな文書よりも聖書を信頼してきた。その聖書が、信じる力が奇跡を生む、と教えてくれている。

問題は好転する

わたしはこの原則を何か月か前に、古い友人に提案した。彼は常に最悪を期待していた。そのときまで、何もかもうまくいかないという話以外、聞いたことがなかった。彼はどんな計画や問題にも、こうした消極的な心構えで臨んでいた。この章で示した原則にも猛烈に異を唱え、わたしが間違っていることを試してみてもいい、とさえ言った。彼は正直な人だったので、これを真面目に試し、得点表もつけた。それを六か月間行った。**六か月後に調べたところ、八十五パーセントの問題が満足のいく状態に好転した**、と報告してくれた。

「わたしは確信しました」彼は言った。

「こんなことが起こるとは思っていなかったんです。しかし、事実が示すように、最良のことを期待すれば、不思議な力を与えられて、望ましい結果を生み出す状況を作り出すことができるんですね。

これからは、心の持ち方を変えて、最悪ではなく、最良のことを期待するようにします。これは単なる理論ではなくて、**問題に対処するための科学的手法**だということを、わたしの実験が示しています」

八十五パーセントという数字は、訓練によってさらに高くなり得るということを、つけ加えておきたい。もちろん、期待をするというスキルの訓練は、筋肉やゴルフのクラブを動かすときのように、重要なものである。

集中し、継続し、知的な訓練をしなければ、どんなスキルも習得することはできない。ところで、この友人は、実験をはじめた当時は懐疑的だったために、最初の頃の結果に悪い影響を与えていた可能性があることも述べておきたい。

日々人生の問題に直面するとき、次の言葉を確認することを勧める。「神はわたしが求めるものを得る力を与えてくれる」

最悪のことを口にするのはよそう。それを考えてはいけない。意識から追い払おう。少なくても、一日十回、こう唱える。

「わたしは最良のことを期待し、神の助けを得て、最良の結果を手にする」

そうすることで、あなたの考えは、最良のことだけを考え、それを実現しようとしはじめる。最良の結果を得るために力を集中することができるようになる。それが、あなたに最良のものをもたらすのだ。

8 敗北にめげない

成功の妨害者

もしあなたが負けることを考えているなら、そんなことは考えないように、と言いたい。負けることを考えれば、おそらく負けてしまうからだ。

〝わたしは敗北など信じない〟という考え方を身につけよう。

この哲学を実践して、並外れた成果を手に入れている人々がいる。ここでは、彼らが用いて成功したテクニックと手法について説明する。

これらを注意深く、思慮深く読み、彼らと同じようにそれを信じ、そのテクニックを使ってみようと考えるなら、あなたも、敗北を避けることができるかもしれない。

わたしはあなたが、これから紹介する話に出てくる〝妨害男〟のような人でないことを願う。その人が〝妨害男〟と呼ばれていたのは、どんな提案があっても、気持ちがすぐにうまくいかない可能性のほうに向いてしまうからだ。しかし、彼は好敵手に出会い、教訓を得て、後ろ向きな態度を改めることになる。

それはこんなふうに起こった。

彼の会社の上司たちは、成功の可能性はあるものの、相当のリスクがあるプロジェクトを進めようとしていた。話し合いの最中に、その妨害男はいつものように、学者ぶった態度で言った。「ちょっと待ってください。問題について考えてみましょう」

別の男性が発言した。彼は、普段はあまり話さないが、有能で実績があることと、不屈の精神によって仲間から尊敬されている。「なぜきみはいつも可能性ではなく、問題ばかりを強調するんだ？」

妨害男は答えた。「なぜなら、賢くあるためには、常に現実主義者でなければならないからです。それに、このプロジェクトに、障害があるのは明らかです。こうした問題には、どのように臨む予定でしょうか？」

別の男性はためらうことなく答えた。「どのような態度で臨むかだって？　取り除いて、忘れるだけだよ」

「言うのは簡単ですね。取り除いて、後は忘れるとおっしゃいますが、問題を取り除いて、それを思い出さないようにできるんですか?」

別の男性の顔に、笑みがゆっくりと広がった。「わたしはこれまでずっと問題を取り除いてきたんだよ。信仰と勇気を持って、前向きに取り組めば、取り除けないものはなかった。どうやったかを知りたいようなので、見せてあげよう」

男性はポケットに手を伸ばして、財布を取り出した。財布のなかの目立つところに、一枚のカードが入っていて、それに文字が書いてあった。男性は、財布をテーブルの向こうへ押しやって言った。

「さあ、それを読んで。それがわたしの秘訣だよ。御託は並べないように。わたしはそんなものではひるまないよ。あなたと違って経験から学んでいるのだから」

妨害男は財布を手に取り、困惑したような表情を浮かべると、それを黙読しはじめた。

「声に出して読むといい」別の男性は言った。

そこで、妨害男はゆっくり、おぼつかない調子で読み上げた。〝わたしを強めてくださる方のお陰で、わたしにはすべてが可能です[注26]〟。

男性は、財布を自分のポケットに戻して言った。

「わたしは長い間生きてきて、多くの問題にぶつかった。しかし、この言葉には力があり、それを使うとどんな障害も取り除けるんだよ」

男性が自信たっぷりに言ったので、本気であることは皆が理解した。彼は多くの問題を乗り越えてきた有能な人物だったし、まったく〝聖人ぶった〟ところがなかった。すぐれた実績を持つ彼が、自信たっぷりに語ったことで、テーブルを囲んでいる人々は納得した。後ろ向きな反対はなくなりプロジェクトは施行された。その結果、困難やリスクがあったにもかかわらず、成功を収めた。

この男が使ったテクニックは、重大な真実をもとにしている。それは「恐れるな」ということである。神が一緒にいることで力を手に入れられると信じるのである。

克服できない試練はない

ずいぶん前のことだが、激戦の末に全米選手権で優勝したテニス選手パンチョ・ゴンザレスの話をしよう。彼はほとんど無名の選手だった。雨天だったせいもあり、大会以前は満足がいく試合ができなかった。

メトロポリタン紙のスポーツ記者はゴンザレスのプレーを分析して、彼には欠点があるし、これまでのチャンピオンは彼よりもいい選手だったかもしれない、と結論づけた。一方、彼のサーブの素晴らしさとボレーの技術の高さは認めていた。

そんな彼が優勝することができたのは、持続力とともに、「試合がどんなに絶望的に変わっても決して屈しなかった」精神力が要因だと述べた。

これは、わたしが読んだことがあるスポーツ記事のなかでも、きわめて巧みな表現である。「試合がどんなに絶望的に変わっても決して屈しなかった」

つまり、試合の流れがどんなに悪くなっても、絶望したり、消極的な考えにとらわれたりしなかった。だから、勝つために必要な力を失うことはなかったのだ。この気力と精神力によって、彼は優勝を手にしたのだ。障害に直面して、それに立ち向かい、打ち勝ったのである。

信じる力は持続力を与えてくれる。前に進むのが難しいときでも、前へ進み続ける動力を持っている。誰でも、うまくいっているときは、前へ進むことができる。しかし、すべてが裏目に出ているように思えるときは、闘い続けるために、さらなる要素が必要になる。状況がどんなに絶望的に変わっても決して屈しないのは、大きなカギである。

それでも弱気になったときは

もう一度、言おう。克服できない問題はない。

この章の最初に紹介したビジネスマンの秘訣を、思い出してほしい。〝わたしを強めてくださる方のお陰で、わたしにはすべてが可能です〟[注27]。

本書を、中断し、この言葉を五回言ってみよう。また、一回ごとに、次の言葉で肯定しよう。「わたしはそれを信じる」これを毎日五回行おう。あなたの心のなかにある不屈の力が解放されるだろう。

潜在意識は変化を嫌うものだから、こう言うかもしれない。「本当はそんなこと信じちゃいないんだろう」

しかし、**潜在意識ほど嘘つきなものはない**のを思い出してほしい。潜在意識は、あなたと同じようにあなたの能力を過小評価して、それを伝えてくるのだ。

あなたは潜在意識のなかで消極的な考え方を作り出している。だから、潜在意識に立ち向かい、こう言おう。

「いいかい、わたしは、自分が〝信じる〟と主張するものを信じるんだ」

積極的な態度で潜在意識に話をすれば、そのうち、潜在意識のほうも納得するだろう。なぜなら、いま、あなたは**潜在意識に、積極的な考えを送り込んでいる**からである。潜在意識に真実を教えてやったのだ。少し経てば、潜在意識は真実の情報を返してくるようになるはずだ。

潜在意識を積極的なものにするには、〝及び腰〟的な考えや言葉を取り除くようにするのが効果的である。〝及び腰〟は平均的な人間の会話を乱し、一つひとつはさほど重要ではないものの、統合すると考え方を常に消極的に条件づけてしまう。

わたしは、自分の会話の癖を分析してわかったことに、我ながらショックを受けた。

「申し訳ありませんが遅れます」

「もしタイヤがパンクしたら」
「それはできるかどうかわかりません」
「その仕事はたぶんできないでしょう。色々手が詰まっていて」
というようなことをたびたび言っていたのである。

悪いことが起こったときは、「ああ、そんな気がしたんですよ」と言い、空に雲があるのを見て憂鬱な気分でこんなふうにつぶやいた。「雨になるんじゃないかと思っていました」

これは小さなことであり、それほど強い力はないと思うかもしれない。けれど「オークの大樹も小さなドングリから」という諺《ことわざ》が示すように、会話が〝及び腰〟の塊になってしまえば、後ろ向きな心構えは考え方にまで浸透する。

〝及び腰〟は大きな力を蓄え、いつのまにか〝大きな消極性〟に育ってしまうのである。

そこで、わたしは〝及び腰〟を会話から排除することにした。そのために一番いいのは、どんなときでも、意識的に、積極的な気持ちを表わすことだと気づいた。

すべてはうまくいく。その仕事は引き受けられる。タイヤはパンクしない。時間通りに約束の場所へ行ける。良い成果を出す。

そんなふうに言い続ければ、積極的な効果が働き、良い成果が生まれる。物事がうまくいくようになる。

不安を乗り越え、〝敗北を信じない〟という哲学を実践して生きるためには、積極的な考え方を育てる必要がある。不安にどう対処するかは、心構えによって決まるのだ。

不安の大半は、実際のところ、精神的なものである。

問題は思ったほど大きくない

あなたは反論するかもしれない。

「わたしの問題は精神的なものではなくて、現実のものです」

おそらくそうだろう。しかし、**障害をどう考えるかは精神による。**精神的なプロセスによって心の持ち方が決まり、不安についてどう考えるかが、どう対処するかが決まる。

問題を取り除くことができないと考えれば、取り除けないとは思わなくても、取り除こうとはしない。そうではなくて、問題は思っていたほど大きくないという考えを、しっかり頭に植えつけるのだ。不安は取り除くことができるという考えを持ち続けよう。

たとえ、それが漠然としたものであっても、**こうした積極的な考えを楽しむといい。**そう考えた瞬間から、問題を取り除くプロセスがはじまり、最終的には問題はすべてなくなる。

もしあなたがずっと困難に負けているなら、それはおそらく、何週間も、何か月も、また何年も「どうにもしようがない」と言い続けているからではないだろうか。そう言い続ければ、自分には力がないことを強調してしまい、心はだんだんとその主張を受け入れ、

心が納得したとき、あなた自身も納得してしまう。考えた通りになってしまう。

しかし、反対に、「何でもできる」という新しい概念を持てば、新しい心の持ち方を育てることができる。こうした積極的な考え方を強調すれば、その困難に何とか対処できると、あなたの意識は納得する。あなたの意識が納得すれば、驚くべきことが起こる。突然、**これまで知らなかった力**を自分が持っていることに気づくのだ。

ある友人とゴルフをしたときのことである。彼はゴルフが上手なだけでなく、哲学者でもあった。一緒にコースを回っているだけで、珠玉の知恵を与えてくれる。彼から得た知恵のひとつは、忘れられないものになっている。

わたしが打った球が、草が伸びたラフに入ってしまった。ボールのところまで行ったとき、わたしは落胆して言った。「まいったな。これは困った。ライが悪い。ここを出すのは大変でしょう」

友人はにやりと笑って言った。「あなたの本で、積極的な考え方について読んだように思いますが」

決まり悪さを感じながら、わたしはそれを認めた。

「わたしだったらそんなに消極的には考えませんよ」彼は言った。「もしこの球がフェアウェイにあれば、うまく打てると思いますか？」

わたしは、打てると思う、と答えた。

「では」彼は続けた。「なぜそこならできて、ここではだめなんですか？」

わたしは答えた。「フェアウェイでは草の丈が短くて、球を出しやすいからね」

すると、彼は奇妙なことをした。「四つん這いになりましょう。そして、状況を調べましょう。ライがどんな状態かを」

そこで、わたしたちは四つん這いになった。彼は言った。「見てください。相対的な高さはここでも、フェアウェイでも同じですよ。違いは草の丈が球より五、六インチ高くなっているだけです」

彼はさらに変わったことをした。「草の質と特性を調べましょう」草を一本抜いて、わたしに渡した。「噛んでみてください」

わたしは噛んだ。すると彼は言った。「柔らかくないですか？」

「ああ、そうだね」わたしは答えた。「柔らかい草のようだ」

「では」彼は続けて言った。「五番アイアンで軽く打てば、ナイフのように草を切ることができますよ」そして、わたしが一生忘れられない言葉を口にした。あなたも覚えておいてほしい。

「**ラフは気の持ちようです。つまり、ラフだと思うからラフなんです**。心のなかで、ここには障害があって、そのせいで困ったことになっていると思っているんです。この障害を乗り越える力は、心のなかにあるんですよ。

このラフからボールを出すのをイメージして、それをできると信じれば、頭が柔軟性、リズム、力を筋肉に伝えて、クラブをうまく振れるようになります。球は美しいショットによって、ラフを出ますよ。

必要なのは、球をしっかり見て、これから素晴らしいストロークで球をラフから出すんだと自分自身に言うことです。力を抜いて、緊張を解きましょう。楽しい気持ちで、力を込めて打ってください。いいですか。ラフは気の持ちようですよ」

クリーンショットになって、球がグリーンのエッジに落ちたときの爽快感と喜びを、わたしはいまでも忘れられない。

難しい問題があるときは、ぜひこの事実を思い出してほしい。

「ラフは気の持ちようである」

目の前にある障害は、空想ではなく、現実かもしれない。しかし、見た目ほど難しくないかもしれない。気持ちをどう持つか。それが、もっとも重要である。

あなたを悩ませる障害を、もう一度見てみてほしい。思っていたほど恐ろしいものではないことに気づくはずだ。自分にこう言い聞かせよう。

「ラフは気の持ちようだ。**勝利を手に入れることを考えれば、勝利を手に入れられる**」

この秘訣を覚えておこう。紙に書き、それを財布に入れたり、毎朝、髭剃りで使う鏡や、キッチンの流しのところや化粧台や机に貼ったりしよう。何度も眺め、この真理が意識の底に収まるまで、あなたの心構えに浸透するまで、積極的な執着に変わるまで何度も見よう。

恐れを克服したセールスマン

ある男性が、父親のことを次のように手紙で知らせてきた。彼の父親はあるやり方を用いて、素晴らしい結果を出した。

「わたしの父は巡回セールスマンです。あるときは家具を売り、あるときは金物類を売り、ときには革製品を売っていました。毎年、商品を変えていたのです」

「父がよく母に言っていました。文房具でも、ベッドランプでも、そのとき売っているどんなものでも、売りに出るのはこれが最後だと。次の年になればすべてが変わる、何の不自由なく暮らせる、と言うのです。何もしなくても売れる商品を持つ会社と働くチャンスがあるから、と。しかし、何も変わりませんでした。父は売れる商品を持ったことなどありませんでした。常に緊張し、自分自身を恐れ、虚勢を張っていました。

ところが、ある日、仲間のセールスマンが、父に三行の祈りの写しをくれました。客のところへ行く直前に、その祈りを繰り返し唱えるように、とのことでした。父はそれを試してみました。すると、**奇跡のようなことが起こった**のです。最初の週は、訪問した先の八十五パーセントに売り、毎週、素晴らしい成果を出しました。九十五パーセントに達する週もあったし、訪問先すべてで買ってもらえたのが十六週もあったそうです。

父は、この祈りをほかの数人のセールスマンに教えました。それぞれが、見事な成果をあげました。

父が使ったのは次のような祈りです。

わたしは常に神に導かれていると信じています。
わたしは常に正しい道を選んでいることを信じています。
わたしは、神が道なきところに道を作ってくださると信じています。

大変な困難を乗り越えてある小さな会社を設立した別の男性は、自分が考え出したテクニックに助けられた、と語った。彼には小さな問題を、解決できないと思われるほど〝膨らませてしまう〟傾向があった。

自分が敗北者の態度で問題に対処していることもわかっていた。実際は、自分が大きくしてしまったほど難しい障害でないこともわかっていた。話を聞きながら、わたしは、彼が**自滅志向**と呼ばれる心理的な問題を抱えているのではないかと思った。

彼は考え方を変える道具を用いることにした。すると間もなく、めざましい効果を発揮した。道具とは、大きなワイヤーバスケットをオフィスの机に置くことだった。

バスケットには次のような言葉を書いたカードが貼ってある。〝神は何でもできる〟[注28]。

小さな問題が起こり、自滅のメカニズムがそれを大きな障害へと発展させてしまいそうになると、彼は、その問題の関連書類を〝神は何でもできる〟と書いたバスケットに放り込み、一日か二日そのままにしておくことにした。

「奇妙なことですが、バスケットから取り出したときは、**問題が大したものではないように思えるん**ですよ」彼はそう言った。

彼は、物事を神に委ねるという姿勢をこうした方法で表わしたのだ。その結果、問題を通常のサイズとして扱うことができ、成功した。

本章の最後に、次の言葉を声に出して言ってほしい。

「わたしは敗北を信じない」

この考え方が潜在意識を支配するまで繰り返そう。

9 不安に打ち勝つ

不安は病を引き起こす

不安の犠牲者になる必要はない。

まず、不安とは何かを考えてみよう。**不安とは、不健全で破壊的な考え方の習慣**にすぎないのだ。生まれたときには、そんな習慣は持っていない。後から身につけたものである。習慣や身につけた考え方は変えることができる。つまり、不安は心から追い払うことができる。不安を取り除くには、積極的で、直接的なプロセスが不可欠だ。効果的に攻撃できるチャンスは一度しかない。それは、いまである。あなたの不安の習慣をいますぐに棄てよう。

なぜ、不安という問題を深刻に考えなければいけないのだろうか。その理由は、著名な精神科医であるスマイリー・ブラントン博士がはっきり述べている。

「不安は現代最大の病気である」

ある心理学者は〝不安は人格を破壊する敵である〟と言い、ある医師は〝不安は人間の病のなかで、もっとも捉えにくく破壊的〟だと断言している。さらに、別の医師によると、息詰まるような不安のせいで何千もの人々が病気になっているらしい。彼らは不安を追い払うことができずにいる。そのせいで、人格に影響が現れ、多くの健康障害が起こっているそうだ。

不安が関節炎の要因となることも少なくないらしい。この病気を分析した医師たちによると、関節炎は、次のうちの少なくともいくつかが要因になって起こるという。財政的危機、失望、緊張、懸念、孤独、悲しみ、長期にわたる恨み、習慣的な不安などである。

ある診療所が、平均年齢四十四歳のアメリカ人の企業重役百七十六人を対象に調査を行った結果、半数に高血圧、心臓病、潰瘍が見つかった。それぞれの症例について、**不安が主な要因**だというのは注目すべきである。

となると、不安症の人は、不安を克服することを学んだ人のようには長くは生きられない。『ロータリアン』誌に「あなたはどのくらい長生きできる?」という記事が掲載されたことがある。記者は、長生きしたければ、次のようなルールを守るべきだと明言している。**①冷静さを保つ、②教会へ行く、③不安を取り除く。**

調査によると、教会に通っている人はそうでない人よりも長命のようである。また、結婚している人は、独身者よりも長生きするらしい。おそらく、不安を分かち合う相手がいるからだろう。

寿命の研究者が、百歳を超える四百五十人を対象に調査をした。彼らが長寿で人生に満足しているのは、以下の理由だった。①忙しくしている、②すべてにおいて節度を守っている、③食事は軽く質素である、④人生を楽しんでいる、⑤早寝早起きである、⑥不安や心配事（特に死への恐怖）がない、⑦穏やかな心と神への信仰を持っている。

「不安で病気になりそうだったけど、不安で本当に病気になることはないよ」と、誰かが笑いながら言うのを聞いたことがないだろうか。その人が言うことは間違いである。**不安は人を病気にする。**

アメリカの有名な外科医ジョージ・W・クライル博士はこう言っている。

「恐怖は精神的なものではない。心臓も脳も内臓も恐怖を感じる。心配事や不安の原因が何であれ、その影響は、身体の細胞、組織、器官に現れる」

神経学者のスタンレー・コブ博士は、不安はリウマチ性関節炎の症状と密接に結びついていると述べている。

ある医師は、この国には不安と怖れの感情が蔓延しているという。「心配事によって起こり、不安や懸念によって悪化した症例を、どの医者も抱えています」と彼は言った。

不安は克服できる

しかし、落胆する必要はない。不安は克服することができるからだ。安心をもたらす確かな方法が、不安を抱く習慣を変える助けとなる。

最初のステップは、ただ、変えられると信じることである。

次に、あなたの尋常でない不安を取り除くために使う、実用的な方法を述べよう。

まず、**毎日、頭のなかを空っぽにする**。これは、夜、寝る前に行うのが望ましい。そうすれば、眠っている間に、不安が意識にこびりつくのを防ぐことができる。思考は、眠っている間に、無意識に深く浸透する。眠る直前の五分間は特に重要だ。この短い時間、頭はもっとも柔軟になっていて、最後に考えたことを吸収する傾向にある。

頭を空っぽにするのは、不安に打ち勝つための重要なプロセスである。恐怖感を追い払わないでおくと、それが頭を詰まらせる。恐怖感は、毎日追い払えば、頭のなかから消えて蓄積することはない。

そのために、次のプロセスを活用しよう。不安と怖れが詰まった頭を、実際に空っぽにしている自分の姿を想像するのだ。洗面所の水栓を抜き、水を排水管に流し込むときのように、すべての不安が流れ出ていくのを思い描く。

同時に、次のような言葉を唱えよう。「神の助けで、わたしは、頭のなかにある、すべての不安、恐怖、懸念を捨てていると信じる」

こうした概念が頭から消えていくのを思い描きながら、この言葉を五回繰り返そう。その後、不安から解放されたことを神に感謝して、眠りに就こう。

最初は、このプロセスを、朝も、午後も、寝るときも実践するといい。そのときは、五分間、静かな場所へ行こう。説明通りに忠実に実行すれば、まもなく良い結果が現れる。

そのほか、頭のなかの不安をひとつずつ捕まえて捨てる想像も効果的である。子どもは大人よりも、想像力がすぐれているので、不安の種や恐怖をポイと捨てる仕草をする。それで本当に不安や恐怖がなくなると信じることができる。子どもにとって、その芝居がかった行為は事実であり、それが心配事を終わらせてくれるのだろう。だから、あなたも**不安が頭から流れ出ていくのを思い描く**といい。そうすれば、それが本当のことになるのだ。

想像力は治療薬

想像は不安の源であるが、その一方で、不安の治療法にもなる。〝イマジニアリング〟(アイデアを形にする)という言葉は、心象を実際の結果にすることであり、その効果は驚くべきものだ。想像は空想とは違う。**想像とは考えを実像にすること**である。つまり、不安や不安を解放する考えからも像を作ることができる。信じる気持ちを十分に心のなかに持てば、あなたが思い描くことは、最終的には事実になる。

だから、**不安から解放される自分の姿を思い描こう**。そうすれば、異常な恐怖は、あなたの考えから消えていく。しかし、頭を空っぽにするだけでは足りない。頭は、いつまでも空のままではいられないからだ。何かで満たさなければいけない。そこで、空にした後は、かわりのものを詰める。信仰、希望、勇気、期待といった思念を詰めよう。次の文章を声に出して言ってみてほしい。

「神はわたしの心を、勇気、平和、穏やかな確信で満たしてくれています。わたしをすべての悪意から守ってくれています。わたしの愛する人たちをすべての悪意から守ってくれています。正しい決定をするようわたしを導いています。そして、わたしがこの状況を乗り越えるのを見守ってくれています」

毎日、六回、こうした考えを注ぎ込めば、頭のなかはそれでいっぱいになる。それによって不安が押し出される。

不安は、あるひとつの例外をのぞいて、もっとも強い力を持っている。その例外とは信仰だ。信仰は常に不安に勝つことができる。信仰は不安よりも強いのだ。日々、頭のなかを信仰で満たせば、不安の場所はなくなる。次のことを忘れないでほしい。**信仰を極めれば、不安をおのずと征服できる。**

小さくすれば扱いやすい

不安の習慣をやめるためには戦略を用いなければならない。不安の中核に正面攻撃を仕掛けて勝とうとするのは、難しいからである。もっと巧妙に、周辺の砦から一つひとつ落としていき、徐々に本隊を包囲していくのがいい。

言葉を変えれば、**恐怖の幹から一番遠い枝にある、小さな不安を切り落としていく**のだ。それから、だんだんと中心へ向かい、最後に幹を切り倒すのだ。

わたしの農園で、大きな木を切らなければならないことがあった。大きな老木を切り倒すのは悲しいことである。人々が電動のこぎりを持ってやって来たので、わたしは幹を地面近くの根元から切りはじめるのだと思っていた。ところが、彼らは梯子をかけて、小さな枝から切り落としはじめ、それから大きな枝を切り、最後に木の上部を切り落とした。すると大きな幹だけが残った。五十年近くかけて育ったわたしの木は、あっという間にきれいに切られ積み重ねられてしまった。

「枝を落とさずに木を根元から切ったら、倒れるときに周りの木を痛めてしまいます。できるだけ小さくしてから扱うのがいいんです」伐採職人はそう説明した。

長年にわたって**心のなかに育った不安の大木も、できるだけ小さくすれば扱いやすくなる**。よって、小さな心配事や、不安を表わした言葉を切り落とすようにすればいい。

たとえば、**会話から不安を表わす言葉を減らしてみよう**。言葉は不安の結果でもあるが、不安を作るものでもある。不安が頭をよぎったときは、積極的な表現を使って、ただちにそれを取り除く。

たとえば、「列車に乗り遅れるかもしれない」と考えたとする。それならば、不安に思うのをやめて、早めに準備をすればいい。

小さな心配事を切り落としているうちに、徐々に不安の大本へと近づいていく。そのときは、育ててきた力を用いて、根本的な不安、つまり、**不安の習慣を人生から排除しよう。**

問題をシンプルに考える

多くの人は不安という問題を克服できずにいる。それは、問題が複雑になるのに任せ、解決しようとしていないからだ。驚くべきことではあるが、難しい問題であっても、単純な方法で克服できる。**問題を克服できないのは、問題について十分に知ろうとせず、**いかに克服すべきかについても知らないせいだろう。

秘訣は、問題に立ち向かい、それを続けていくということ。

そのための戦略として、もっともすぐれた例のひとつが、あるビジネスマンが作ったものだ。

その男はいつも不安でいっぱいだった。実際、すぐに神経をおかしくして、健康を害してしまった。特に、自分が正しいことを行ったり、言ったりしたのかがとても気になった。

常に自分の決断を思い返して、くよくよしていた。

彼は検視官で、とても賢い人で、ふたつの大学を優秀な成績で卒業している。わたしは、彼に、その日にあったことは終業時間とともに忘れて、未来へ進むためのシンプルな方法を試してみるべきだと提案した。そして、単純で、芝居がかった方法を紹介した。

実は、**真に賢い人は、単純にもなれる。**深い真理を働かせるための単純な方法を実行する能力がある。この男性も不安を解消するために、そうしたのである。わたしは、彼が良くなっているのに気づいて、それを指摘した。

彼は答えた。「ええ、そうなんです。わたしはとうとう秘訣を発見しました。それが驚くほどうまく働きました。もし、一日の終わり近くにオフィスへ来てくだされば、どうやって不安を抱く習慣を克服したかをお見せできますよ」と彼は言った。

そして、ある晩、彼から電話で夕食の誘いがあったので、彼のオフィスを訪れた。彼は、毎晩、オフィスを出ていく前に〝**ちょっとした儀式**〟**を行うことで、不安の習慣を打ち破った**のだと説明した。それはとても独特で、強く印象に残るものだった。

わたしたちは帽子とコートを掴むと、ドアのほうへ向かった。ドアのそばには、ゴミ箱があり、その上部の壁にはカレンダーが貼ってあった。一週間や一か月や三か月が一度に見られるものではない。日めくりで、その日の日付が大きな文字で記してあるものだ。彼は言った。

「さあ、夕方の儀式をしますよ。このおかげで不安の習慣を打ち破ることができたんです」

彼は手を伸ばし、その日のページを破り取った。そして、それを小さく丸めた。それから、**ゆっくりとその〝一日〟をゴミ箱に捨てた**のである。その後、目を閉じて何かをつぶやいた。わたしは彼が祈りを唱えているのがわかっていたので、黙ってそれを見ていた。やがて彼は言った。

「アーメン。よし。一日が終わりました。さあ、出かけて、楽しみましょう」

通りを歩きながら、わたしは尋ねた。「何と祈っていたのか教えてもらえますか?」

彼は笑って言った。「先生が唱えるようなものとは違いますよ」それでも、わたしは教えてほしいと頼んだ。

彼はこう答えた。「そうですね。こんなことを祈ります。〝主よ、あなたは、今日一日を与えてくださいました。頼んだわけではありませんが、わたしはそれを喜んでいます。わたしはできるだけのことをしたし、あなたはそれを助けてくださいました。それに感謝します。わたしはいくつかのミスをおかしました。あなたの助言に従わなかったときです。それは申し訳なく思っています。どうぞお許しください。しかし、いくつか勝利と成功も収めました。あなたの導きに感謝します。しかし、どんなミスや成功、勝利や敗北があろうとも、一日は暮れる。わたしもそれを終わりにします。そして、それをあなたにお返しします。アーメン〟」

おそらく正統派の祈りではないだろうが、間違いなく効果はあったようである。彼は、一日を芝居がかった方法で終わらせ、**次の日がもっと良い日になることを期待して、未来に目を向けた。**

不安に対処するテクニックはほかにもあるだろう。そうしたテクニックを注意深く用いた効果を聞きたいと思う。自己改善に関心を持つ人はすべて、わたしの学友である。良い人生を送るための実用的な方法を一緒に考えたい。

お陰さまで、様々な人々が、それぞれのやり方や成果を手紙で教えてくれるので、わたしは本、説教、新聞のコラム、ラジオ、テレビ、その他のメディアを通して、成果があった方法を皆さんに紹介して、皆さんの助けになろうと努めている。そうすることで、多くの人が不安や個人的問題を解決する方法を知ることができる。

本章を締めくくるにあたり、不安を克服するための十の方法をまとめてみた。

不安を克服する10の方法

1. 自分自身に次の言葉を贈る

「不安はとても悪い精神的習慣だ。しかし、どんな習慣でも変えることができる」

2. 不安は抱かないと信じる

不安に悩まされるのは、不安を抱くからである。不安は抱かないと信じる。その強力な習慣を持つことで、不安から自由になれる。可能な限りの力と根気強さを発揮して、まず信じることからはじめよう。

3. 〝わたしは信じる〟と三回言う

いかに信仰を実践するか？ まず、毎朝、ベッドを出る前に声を出して「わたしは信じる」と三回言う。

4. 次のように祈る

「わたしはこの一日を、人生を、愛する人たちを、仕事を、主の手に委ねます。主の手には悪意はありません。善意だけです。どんなことが起ころうと、どんな結果になろうと、主の手に在れば、それは主の意志であり、良いことです」

5. 積極的な表現を口にする

これまで使っていた消極的な言葉をすべて積極的な言葉に変えよう。たとえば、「今日は大変な一日になりそうだ」と言うかわりに、「今日は素晴らしい一日になりそうだ」と言う。「自分にはこれはできない」と言ってはいけない。「わたしにはそれができる」と考えよう。

6. 不安を言い合う会話に参加しない

悲観的な話をする人々は、同じグループにいる人全員を悲観的な考え方で染めてしまう。気が滅入る話でなく、気持ちが明るくなる話をすれば、重苦しい雰囲気を追い払い、皆が希望と幸福を感じられるようになる。

7. 信仰、希望、幸福、栄光、輝き、等の言葉を探す

あなたが不安を抱く理由のひとつは、頭のなかが、不安感、敗北感、悲観的な考えで、文字通り、いっぱいになっているからだ。それを防ぐために、信仰、希望、幸福、栄光、輝きについて話しているすべての節に印をつけよう。それらを覚え、こうした考え方が潜在意識を満たすまで、何度も繰り返して言おう。すると潜在意識は、楽観主義や、不安からの解放といった形で返してくれる。

8. 希望を持った人々と友情を築く

積極的で、信仰心があり、創造的な考えをする人々と一緒にいよう。そうすることで、信じるという心構えがさらに刺激される。

9. 不安を抱いている人を助ける

不安を抱いている人に力を貸すことができるかを考える。人を助ければ、あなた自身の問題に対して、より強い力を持つことができる。

10. 日々、神と過ごしていると考える

神があなたの近くを歩いていたら、不安になったり、怖れたりするだろうか。

自分自身にこう言ってみよう。「キリストはわたしとともにいる」、「わたしはいつもあなたのそばにいます」、「神は、いま、わたしとともにいる」これを一日に三回、繰り返そう。

10 問題を解決する

解決するための正しい答え

問題を解決する方法を見つけた幸運な人たちについて話そう。

彼らはシンプルだが、大変実用的なやり方に従った。それぞれの結果は、幸せで、思い通りのものだった。彼らは、あなた方とまったく変わらない人々だ。あなたと同じような問題を抱え、困難に直面している。しかし、**解決するための正しい答えを得る方法**を見つけた。その方法を取り入れれば、あなたも同じような結果を得られるのだ。

まず、わたしの昔からの友人夫婦の話をしよう。夫のビルは何年間も懸命に働き、ついに会社で二番目に高い地位まで昇りつめた。彼は将来の社長候補だったので、いまの社長が退任すれば、自分が昇進してその地位に就けると確信していた。その望みが実現されない理由はなかった。能力、手腕、経験からいって彼には資格があったからだ。彼自身、自分が選ばれることを信じていた。

しかし、社長の座に就いたのは、彼ではなく、他社からやって来た人だった。

わたしが彼が住む街に着いたのは、彼がちょうどこの打撃を受けた後だった。妻のメアリーは、特に悔しい思いを抱いていた。「あの人たちに言ってやりたいこと」をすべて述べた後、強い落胆、屈辱、不満のあまり、ビルとわたしにやつあたりした。

一方、ビルは冷静だった。傷心し、失望し、困惑しているようだったが、勇気を持ってそれを受けとめていた。本質的にやさしい性格なので、怒ったり、激しい反応を見せたりしないのも不思議はなかった。

メアリーはビルが会社を辞めるべきだと考え、「言いたいだけ文句を言って、辞めてやればいいわ」と促した。ビルはそんなことをするつもりはないようだった。「たぶんこれが一番いいんだ。新しい社長に協力し、できるだけ手は貸すつもりだ」と答えた。

難しいことかもしれない。しかし、彼は長くその会社で働いていたので、ほかの会社へ行って満足できるかわからないし、これからも会社で二番目の地位にいられるだろうと考えていた。

するとメアリーは、わたしだったらどうするか、と尋ねてきた。わたしは、おそらく彼女と同じように、がっかりして傷つくのは間違いないが、憎しみにとらわれないようにする、と言った。**敵意は魂を蝕むだけでなく、思考プロセスも混乱させる**からである。わたしは、こうした状況には、わたしたちを越えた知恵が必要ではないかと提案した。この問題には感情的なものが多く含まれているので、客観的に、理性的に対処するのは難しいからだ。

そこで、何分間か、何も言わずに沈黙し、静かに祈りながら、神に思いを向けてはどうかと考えたのである。神はこう言われた。〝二人または三人がわたしの名によって集まるところには、わたしもその中にいるのである[注29]〟。わたしたちは三人だし、〝神〟の名によって集まっているのだから、気持ちを鎮め、どうすべきかを示してくれるだろうと思った。

メアリーはそんな気になれずにいたが、基本的には賢くて品のある人だったので、提案に賛成してくれた。

祈りが終わった後、わたしは「手をつなぎましょう」と言った。そこは人目のあるレストランだったが、静かに祈りを唱えた。祈りながら導きを求めた。ビルとメアリーが平穏な気持ちを得られるように祈った。さらに、新しい社長に恵みを与えてくれるよう、ビルが新しい経営陣にうまくなじみ、これまで以上に会社に貢献できることを祈った。

祈りが終わると、わたしたちはしばらく無言でいたが、やがて、メアリーがため息をついて言った。

「ええ、こうなると思っていました。率直に言って、わたしは、内心、怒りで煮えくり返っていました。ですが、もちろん、この問題に対処する正しい方法はこうすることだとわかっていたんです。難しいことですが、誠実に努力します」

そう言って見せたメアリーの笑顔は、明るくはなかったが、憎しみはもう感じられなかった。

ときどき、ふたりの様子を聞いてみた。すべてが彼らの望んだ通りではなかったとしても、徐々に新しい体制に慣れてきたとのことだった。**ふたりは失望と反感を克服した**のである。

ビルは新しい社長が気に入り、彼と一緒に働くのは楽しいとさえ言った。新しい社長は、しばしばビルの意見を求め、頼りにしているらしい。メアリーは、新しい社長夫人と親しくし、完全に協力し合っていた。

二年が過ぎた。ある日、わたしは彼らが住む街を訪れ、彼らに電話をした。

「ああ、わたしはいま話ができないほど興奮しているんです」メアリーが言った。

あなたがそれほど興奮するとはとても重要なことなんですね、とわたしは言った。

メアリーはわたしの言葉を無視して、大声で言った。

「とても素晴らしいことが起こったんです。社長が別の会社の特別な任務に大抜擢されて、うちの会社を離れてさらに昇進するんだそうです。それで、何が起こったと思いますか？新しい社長にビルが任命されたんです。すぐ来てください。三人で感謝を捧げましょう」

のちに、三人で会ったとき、ビルは言った。

「わたしは、この信仰が単なる理論ではないことに気づきはじめています。**精神的でありながら、科学的な原則によって、問題が解決しました。**もしこの問題にイエスの教え通りに対処せず、恐ろしい間違いをおかしてしまっていたら、と思うとぞっとします。信仰が非実用的だなどと馬鹿なことを言ったのは誰でしょうか。これからは問題が起こったら、わたしたち三人がこの問題に対処したときのようなやり方を必ず用いることにします」

さて、数年後、ビルとメアリーは新たな問題に直面したそうだ。そして、ふたりとも、同じテクニックを用いて、同じように良い結果を得た。彼らは、〝**神の手に委ねる**〟という方法で、問題を正しく解決する方法を学んだのだ。

解決する力は、あなた自身のなかにある

問題の解決においてまず大切なのは、解決する力があなたのなかにあるのを認識することである。

次に、それをいかに実現するかを考える。精神的な計画がないことは、多くの人にとって問題を解決できない理由になっている。

ある企業の重役は、〝人間の脳が非常の際に見せる力〟に頼っている、と言った。**人間の脳には、非常事態になってこそ現れ、利用できる予備の力があるという**のが彼の理論である。それは正しい。日常の生活では、こうした非常の際の力は眠っているが、異例のことが起こり、**異例な力が必要となれば、そうした力が呼び起こされる。**

信仰を育んでいる人は、こうした力を眠らせていない。日常の行動にその力を利用している。必要に応じて、あるいは危機において、ほかの人よりも大きな力を発揮する人がいるのは、これが理由である。彼らは、緊急事態以外では無視されがちな力を、日常でも引き出すのを習慣にしている。

問題が起こったとき、どう対処すべきかをあなたは知っているだろうか。非常に難しい問題が起こったとき、それを解決するための決まった計画を持っているだろうか。

多くの人は、のるかそるか、という運任せのやり方を選び、残念ながら、たいがい失敗する。問題に対処するために引き出した大きな力を、計画性を持って使うべきだと、わたしは強調したい。

素晴らしいテクニックがある。

それは、**信じる心構えを実践するテクニック**である。わたしは、長年、聖書を読み、ようやくそれが何を伝えようとしているかがわかった。つまり、聖書は、信じるつもりがあれば――そして、本気で信じれば――すべての個人的な問題やどんな事態にも対処できること、敗北から立ち上がり、人生に起こる厄介事をすべて解決できることを教えているのだ。

それに気づいた日は、わたしの人生で最良の日だった。おそらく、この本を読む人のなかにも、信仰という考え方を受け入れられない人がたくさんいるだろう。しかし、あなたが、徐々に理解してくれていることを願う。信仰は、**成功に満ちた人生を送るためには、この世でもっとも強力な真理**だからだ。

聖書では、〝もし、からし種一粒ほどの信仰があれば……あなたがたにできないことは何もない[注30]〟という真理が繰り返し、強調されている。聖書はこれを、絶対的な事実であり、完璧に言葉通りのものとしている。これは幻影ではなく、幻想でもない。説明でもなく、象徴でもなく、隠喩でもない。確かな真実である。〝からし種一粒ほどの信仰があれば〟あなたのどんな問題も、すべて解決するだろう。もし、あなたが信じ、実行するならば。〝あなたがたの信じているとおりになるように[注31]〟。

必要なのは信仰である。どれだけの結果が得られるかは、あなたがどれだけ強い信仰を持ち、実践しているかで決まる。しかし、全能の神は寛大なので、もし信仰がからし種一粒ほどだけだとしても、あなたの問題を解決するのに大きな力を貸してくれるだろう。

〝からし種〟事業で成功したフリント夫妻

たとえば、わたしの友人のモーリス・フリントとメアリー・アリス・フリントの話を紹介しよう。ふたりとはわたしが以前著した『確信にみちた生活への手引』の要約が『リバティ・マガジン』誌に掲載されたときに出会った。

モーリスは当時、つまずいていた。仕事だけでなく、人間としても。恐怖と怒りで頭がいっぱいで、わたしが出会ったなかで、もっとも後ろ向きな人だった。本来であれば、すぐれた人格を持ち、根は素晴らしい人なのだが、彼自身が認めているように、ひどく荒れた生活を送っていた。

彼は雑誌に掲載された要約を読んだ。そこには〝からし種一粒ほどの信仰〟という考え方が強調されていた。当時、彼は、妻とふたりの息子とともにフィラデルフィアに住んでいた。ニューヨークにあるわたしの教会に電話をかけたが、なぜかわたしの秘書と話すことができなかった。彼には、すぐにあきらめてしまうという哀れな習慣が身についていたために、普段であれば、二度目の電話などしない。だが、このときは辛抱強く電話をかけ、ようやく教会の礼拝の時間を知ることができた。次の日曜日、彼はフィラデルフィアからニューヨークへ車を走らせ、家族とともに礼拝に参加した。そして、それをどんなに天候が悪い日にも続けた。

彼は自分の人生について詳しく話してくれた。そして、わたしに、果たして自力で立ち直ることができると思うか、と訊いた。経済、景気、借金、将来の問題、彼自身の根本的な問題がとても複雑で、彼は困り果てていた。

わたしは、もし彼が自分自身を正し、信仰のテクニックを学んで活用すれば、問題はすべて解決すると請け合った。

彼と妻が、心から取り除かなければならないのは怒りだった。彼らは誰に対しても腹を立て、特に一部の人々を激しく罵った。いま不幸な状態にあるのは、自分たちが悪いのではない。ほかの人たちが自分たちを〝食い物にしている〟からだという歪んだ考え方をしていた。実際に、夜、寝床に入って、ほかの人々を侮辱する言葉を話し合っていた。このような不健全な状況で、眠り、休息をとろうとしても、良い結果は得られない。

モーリス・フリントは信仰という考え方に魅せられていった。これほど夢中になったものは初めてだった。もちろん、強い作用があったわけではない。彼の精神力はまだ無秩序なものだったからだ。最初は、消極的な考え方のせいで、力を使って考えることはできなかったが、粘り強く、ときには死にもの狂いで、〝**もし、からし種一粒ほどの信仰があれば……あなたがたにできないことは何もない**〟という考え方にしがみついた。そして、得られた力を信仰とともに受け入れた。もちろん、信仰を実践するに従って、その力は徐々に強くなった。

ある晩、彼は妻が皿洗いをしているキッチンへ入り、次のように言った。

「教会にいる日曜日は信仰を持ち続けるのは、比較的簡単だが、それを維持するのが難しい。気持ちが萎えていってしまう。もし、からし種一粒をポケットに入れて持ち歩いて、信仰が薄れそうになったときにそれに触ったら、信仰を持ち続ける助けとなってくれると思うんだ」

それから、妻に訊いた。「からし種なんて手に入るのかい？　それとも、ただ聖書のなかだけのものなのかね？　いまの時代、からし種なんて存在するんだろうか？」

妻は笑って言った。「それならこのピクルスの瓶のなかにありますよ」

瓶のなかから一粒取り出して、彼に渡した。「モーリス、実際のからし種なんて必要ないんですよ。ただの考え方の象徴ですから」

「それはどうかな」彼は答えた。「聖書には、からし種と書いてあるよ。だからほしいんだ。わたしが信仰を得るには象徴が必要だと思うんだ」

それから、手の平に乗せた種を見て、不思議そうに言った。「必要な信仰はこれだけでいいのだろうか？　こんな小さな種と同じだけで？」彼はしばらく種を持ったままだったが、やがてポケットにしまい込んだ。「日中、これにずっと触れていれば、信仰という考え方を忘れずにいられる」

しかし、種は小さいためになくなってしまい、彼は、次の日にピクルスの瓶からまた種を取り出した。だが、それもすぐになくなってしまった。彼はあることを思いついた。プラスチックの球に、からし種を入れたらどうだろう。ポケットに入れてもいいし、時計の鎖につけておくこともできる。そうすれば、〝もし、からし種一粒ほどの信仰があれば……あなたがたにできないことは何もない〟という言葉を常に思い出すことができる。

彼はプラスチックの専門家に相談し、いかにプラスチックの球に、気泡が生じないよう、からし種を入れればいいかを相談した。専門家はいままでにやったことがないからできない、と言った。もちろん、それはまったく理由になっていない。

フリントはこのときすでに、〝からし種一粒ほどの信仰があれば〟プラスチックの球にからし種を入れることができると考えていた。彼は作業に取りかかり、何週間もかけて、とうとう成功した。彼が作ったネックレス、ネクタイピン、キーチェーン、ブレスレットなどが、わたしのところに送られてきた。とても美しかった。どれも、半透明の光る球のなかに、からしの種が入っていた。

一つひとつに「からし種を思い出させるもの」というカードがついていて、カードには、この装身具は、身につける人に〝からし種一粒ほどの信仰があれば……あなたがたにできないことは何もない〟という教えを思い出させるものだという説明があった。

彼は、これが商品化できると思うか、とわたしに訊いていた。わたしはそういったことには詳しくないので、『ガイドポスト』誌の編集委員であるグレース・アウズラーに見せた。

彼女はそれをわたしたちの共通の友人である、ボンウィット・テラー百貨店社長のウォルター・ホーヴィングに見せた。彼はアメリカでもっともすぐれた重役のひとりである。そして、一目でこれは有望だと判断した。

数日後、ニューヨークの新聞で二段抜き広告を見たときの、わたしの驚きを想像してほしい。「信仰の象徴——輝くガラスに包まれた本物のからし種が真の意味を持つブレスレットに」広告には聖書から次の言葉が使われていた。〝からし種一粒ほどの信仰があれば……あなたがたにできないことは何もない〟。商品はアメリカの何百もの百貨店や店舗で、品薄になるほど飛ぶように売れた。その後、フリント夫妻は中西部の街に工場を所有し、「からし種を思い出させるもの」を生産している。

実に奇妙なことである。失敗者が教会へ行き、聖書の言葉を聞いて、偉大な事業をはじめた。おそらく、あなたも次に教会へ行くときは、聖書の朗読や説教をもっと注意して聞くといい。そうすれば、人生だけでなく、事業を再建できるアイデアを得られるかもしれない。

これは、小さな工夫によって人生が変わったという、**この世代のもっともロマンチックで、奇跡的な物語**である。フリント夫妻に起こった効果——人生が変わり、性格が変わり、魅力が解放された——は、信仰の力が感動的に表われたものだ。

彼らは消極的ではなく、積極的になった。彼らは敗北者ではなく、勝利者である。もう人を恨んではいない。怒りを克服し、心は愛で満たされている。彼らは新しく生まれ変わり、新しい物の見方をし、新しい力を得た。わたしの知り合いのなかでも、もっとも刺激を与えてくれるふたりである。

ふたりに、問題をいかに解決するべきかを尋ねてみるといい。彼らは〝信仰を持つこと〟と答えるだろう。そして、身をもってそれを知っているのである。

もしあなたがこの物語を読みながら、「フリント夫妻は自分ほど困窮していなかった」と消極的に考えるのであれば、言わせてほしい。わたしは彼らほど窮乏している人を見たことがなかった。さらに言えば、あなたの状況がどれほど悲惨であろうと、本章で説明したテクニックを使えば、あなたも問題を正しく解決することができる。

ここで問題を解決するために広く使える具体的な十の方法を提案したい。

問題を解決する10の方法

1. すべての問題には解決策があると信じる

2. 平静を保つ

緊張は思考の流れを妨害する。ストレスのもとでは、脳は有効に働かない。気楽な気持ちで問題に取り組もう。

3. 無理に答えを得ようとしない

気持ちをリラックスして、解決策が自然に表われ、明らかになるようにしよう。

4. 公正に、客観的に、冷静に

すべての事実を公正に、客観的に、冷静に収集しよう。

5. 事実を紙に書き出す

紙に書き出すと考えが明確になり、様々な要素を整然とまとめることができる。考えるだけでなく、目でも確認しよう。問題が主観的でなく、客観的になる。

6. 問題について祈る

神があなたの心を明るく照らしてくれると信じよう。

7. 神の導きを求める

神を信じ、〝あなたは御計らいに従ってわたしを導き〟を頼りに、神の導きを求めよう。

8. 直観力と洞察力を信頼する

9. 潜在意識を働かせる

教会へ行き、祈りに心を同調させ、問題について潜在意識を働かせよう。創造的で、霊感に満ちた考え方は、驚くべき力で〝正しい〟答えを導き出す。

10. このステップに忠実に従う

あなたの心のなかで成長し、生まれ出た解決策は、問題への正しい答えになる。

11 信仰は治療の力になる

世界的な外科医が気づいたこと

信仰は治療の要素なのだろうか。そうであることを示す重要な証拠がある。確信を持てなかったときもあったが、いまでは、固くそう信じている。信じざるを得ない例をたくさん見てきたからだ。

正しく学び、活用された信仰は、病を克服し、健康を確立するのに強力な要素になるのを、わたしたちは学びつつある。

冒頭の疑問に対して、多くの医療関係者がわたしと同じ意見を持っているようである。新聞に、ウィーンの有名な外科医ハンス・フィンスタラが訪米したときの記事が載ったことがある。ここに「神に導かれた名医」という見出しのついた記事を紹介しよう。

ウィーンの医師ハンス・フィンスタラは、〝**神の見えざる手**〟**が手術の成功を助けてくれる**と信じている。彼は、国際外科学会の最高栄誉である〝マスター・オブ・サージェリー〟に選ばれた。局部麻酔のみで、腹部切開手術を行った業績が認められたのである。

このウィーン大学の七十二歳の教授は、二万回以上の大手術を行い、そのうち八千回の胃切除（胃の全部あるいは一部）を局部麻酔のみで行っている。フィンスタラは言う。

「この数年の間に医療の分野では大きな発展が見られているが、すべての手術で幸せな結果を保証できるほど十分ではない。単純な外科手術に見えても患者が亡くなるときもあるし、医者があきらめても患者が回復するときもある。

仲間のなかには、これを予測不可能なことが起こったせいだという者もいれば、難しい手術では、神の見えざる手に助けてもらったと考えている者もいる。最近では、残念ながら、多くの患者や医師が、すべて神の導きによるものだという信念を失っている。

わたしたちが、ふたたび、特に患者の治療において、神の助けの重要性を確認することで、病める人を健康な状態に戻すための真の進歩が達成されるだろう」

偉大なる外科医の記事は、科学と信仰を結びつけてまとめられている。

わたしはある業界の全国大会で講演を行った。そこには、素晴らしい創造的な企業のリーダーたちが大集合していた。

昼食会で、わたしはリーダーのひとりに質問されて驚いた。これまで、税制度やコストの上昇や事業の問題などについて意見を交わしていたのに、いきなりこう訊かれたのである。「先生は、信仰が人を癒すと思いますか？」

わたしは答えた。

「信仰によって、病気が治ったという信頼できる例はたくさんあります。もちろん、肉体的な病の治療を信仰だけに頼るべきだとは思っていません。**ただ、信仰と医術とを組み合わせて用いるべき**だと信じています。この考え方は医療科学と信仰の科学とを活かすものです。両方とも治癒のプロセスには欠かせないものです」

リーダーは言った。

「わたしの話を聴いてください。何年も前、わたしは顎骨骨腫《がくこつこつしゅ》があると診断されました。つまり、顎に腫瘍があったのです。医者は、まず治らないだろう、と言いました。わたしがどれだけの不安に襲われたかを想像してみてください。わたしは必死に助けを求めました。教会へは定期的に通っていましたが、それほど、信心深くはありませんでした。聖書もほとんど読んだことがなかったのです。しかし、ある日、ベッドに横たわっているとき、突然、聖書を読みたいと思い、妻に持ってきてもらいました。妻は驚いていました。わたしがそれまでそんな頼みをしたことがなかったからです」

「わたしは聖書を読みはじめました。そして、慰められ、元気づけられました。少し希望を持てるようになり、絶望感も薄らぎました。それから、しばらく毎日、読みました。すると、ほかにもあることが起こりました。**わたしを悩ませていた病状が、だんだん軽くなったの**です。最初は、単なる気のせいだと思いましたが、やがて、わたしのなかで何か変化が起こっているのを確信しました。

ある日、聖書を読んでいるとき、奇妙なことに、身体のなかが温かい、大きな幸福感で満たされるのを感じました。説明するのは難しくて、ずっと前にあきらめています。そのときを境に、わたしは目に見えるような回復を遂げたのです。そして、最初にわたしを診断した医師たちのところを、ふたたび訪れました。彼らはわたしを注意深く、診察しました。そして、驚きながらも、わたしの状態が良くなったことに同意しました。しかし、これは一時的な小康状態にすぎないと警告もされました。ところが、さらに検査をしたところ、骨腫の症状はまったくなくなっていたんです。医者は、また再発するかもしれないと言いましたが、わたしは不安には思いませんでした。自分が治ったことを感じていたからです」

「治ってからどのくらいですか？」わたしは尋ねた。

「十四年です」男性は答えた。

わたしは彼をじっくり見た。頑強で、たくましくて、健康そうな彼は、この業界でも良く知られた人物である。この男性の心のなかには、疑いはまったくないようだった。それも当然だろう。**彼は死を宣告されながら、生きて、活力に満ちている**のだから。

信仰は精神科学的な法則

何が彼を回復させたのだろう。技術の高い医師の働きにさらに加わったものがある。それは何だろうか。信じる力である。信仰が彼を癒したのだ。

この男性の話は、多くの例のひとつである。適切な医学的な見地から証明された多くの例を見ていると、わたしたちは信仰の驚異的な力をもっと使うべきではないかと感じている。残念ながら、信仰の治療的側面は、あまり顧みられていない。信仰は、わたしたちが〝奇跡〟と呼ぶ業を成し遂げることができるし、そうしている。しかし、それは、実際には、**精神科学的な法則**が働いたものなのだ。

信仰は、精神、心、魂、身体の病から人々を解放するものだとわたしは強く考えるようになっている。つまり、キリスト教が本来やっていたことへ戻ろうとしている。

宗教が何世紀もの間、医療行為を行ってきたことを忘れられているのは、ここ最近のことだ。わたしたち現代人は、聖書の教えと〝科学〟は相容れないという間違った仮定を受け入れ、宗教の治療的な側面は物質的な科学の陰で、完全に忘れ去られていたのである。

しかし、最近では、宗教と健康の密接な関連が認められつつある。精神状態と身体的な健康とには関連があると考えられるようになり、治療において精神治療学的要素が強調されている。現代医療では、**人間が考えることと感じることには強いつながりがある**とされているのだ。宗教は、思考、感覚、基本的な心構えなどを扱うので、信仰の科学が治療のプロセスにおいて重要になるのは極めて自然なことである。

わたしはニューヨークのある医師から手紙をもらった。その手紙にはこうあった。

「街にいる六十パーセントの人々は病気です。精神や魂をうまく調整できないせいです。なかなか気がつかないことですが、**現代人の魂は、臓器が痛みを感じるほど病んでいます**。まもなく、牧師も、司祭も、ラビもこの関係に気づくことでしょう」

この医師は、わたしの著書『確信にみちた生活への手引』や同様の書籍を患者に紹介しているそうである。そして、目覚ましい結果が出ているとのことだ。

アラバマ州バーミングハムの書店主は、街の医師が作った処方箋を送ってくれた。それには薬局ではなく、彼女の書店で調達できるものが書かれていた。**医師は、特定の病気には特定の本を処方する**のである。

ミズーリ州カンザスシティのジャクソン郡医師会の元会長であるカール・R・フェリス博士は、身体と魂は深い関連性があり、病気の治療においては両者をはっきりと区別することはできない、と言っている。

何年も前に、友人のクラレンス・W・リーブ博士は、魂と精神医学上の問題が健康に影響を及ぼすことを指摘した。彼の賢明なアドバイスにより、わたしは不安感、罪悪感、憎悪の感情が、健康や身体の健全性といった問題につながっているのを理解しはじめた。リーブ博士はその考えを深く信じていたので、スマイリー・ブラントン医師とともに、宗教精神医学クリニックを開き、ニューヨークのマーブル協同教会で、何年にもわたって多くの人を診ている。

また、わたしは、故ウィリアム・シーマン・ベインブリッジ医師と密接に協力し、宗教と外科治療を組み合わせて、多くの人が健康と新しい生活を取り戻せるようにした。

ニューヨークに住むわたしの友人、Z・テイラー・ベルコヴィッツ医師とハワード・ウエスコット医師は、身体、心、魂の病と信仰心との結びつきを、科学的であると同時に精神的に深い理解を示すことによって、牧師としてのわたしの仕事を大いに助けてくれている。

「わたしたちは、かすかな、抑圧された不安が、高血圧の原因になっていることを発見した。実際起こったことに対する怖れではなく、起こるかも知れないことに対する怖れが原因になる」と、レベッカ・ベアード医師は言っている。

「そうした恐怖は、たいがい未来に対するものであり、想像によるものである。つまり、決して起こらないかもしれないものだ。また、**糖尿病は、悲しみや失望といった感情が関係する**。こうした感情は、ほかの感情よりも多くのエネルギーを使うので、大量に消費されるインスリンを製造しようとして、膵臓《すいぞう》の細胞が疲れ切ってしまうのである」

「過去に対する感情が問題になっていることもある。過去にとらわれて、未来に向かって生きていくことができない人がいる。医療はこうした疾患を軽減することはできる。血圧が高ければそれを下げる薬を、血圧が低ければそれを上げる薬を与える。しかし、それは、一時的なものにすぎない。また、糖がエネルギーとしてうまく利用されるよう、インスリンを与え、糖尿病の症状を軽くすることもできる。こうした治療は助けになるのは間違いないが、病気を完治させられるわけではない。感情的な葛藤からわたしたちを守る薬やワクチンは発見されていないからである。わたしたちの感情的な部分をより良く理解し、信仰を取り戻すことが、永続的な健康を約束してくれるのではないか」

ベアード医師はこう締めくくっている。「答えは、キリストの癒しという教えである」

信仰には治療効果がある

このように、きわめて常識的な科学者の姿勢から見ても、**信仰が病を癒すというのには信憑性がある、**と考えていいのではないか。もし、わたしが治療における信仰の要素が理にかなったものであるとまったく信じていないならば、本章で述べるような視点を持つことはできないだろう。

長年にわたり、わたしは多くの読者や、ラジオの視聴者や、教区の信者たちから、信仰によって病気が治ったという話を聞いている。そうした話が本当であるかどうかを、慎重に調べてきた。冷笑的な人々に、これが健康で、幸せで、成功に満ちた人生だということを言いたかったからでもある。

こうした例が一様に示しているのは、医療科学と心理科学と信仰の科学のリソースを組み合わせることである。**そうした治療法によって、健康と幸福を確実に得られる。**ただし、それは神が、患者が生きることを望む場合である。人生が終わるときは、わたしたち誰にも必ず来るのだ（命そのものは終わらないが、地上にいる時間は終わる）。

病気の回復に効果があった例を調べると、**ある共通の要因**がわかった。

一、神の手に自分を進んで委ねる

二、過ちや欲望などを忘れて、魂を浄化する

三、医療科学と神の癒しの力を組み合わせた治療法を信じ、信頼する
四、たとえどんなものであろうとも、神の答えを受け入れる。神の意志に苛立ったり、それを恨んだりしない
五、神が癒してくれることを固く、疑いなく信じる

わたしが調べたほとんどすべての例で、患者は、温かさ、熱、美、平和、喜び、解放を感じた瞬間について話している。突然、経験することもあれば、回復しているという確信を徐々に持つこともあるようである。

病気を防ぎ、心と身体を癒すためには、信仰と治癒の力を忘れないようにしよう。次に述べるのは、愛する人やあなた自身が病気になったときに役立つ実践的な方法である。

病気を治す8の方法

1. 治療には魂の力を用いる

病気になったときは、医者を呼ぶと同時に、牧師も呼びなさい。つまり、治療には医療技術と同様に、魂の力も必要だということである。

2. 医者のために祈る

神は自らの治癒力を補うために、訓練を受けた人間を手段として使う。ある医

者がこう言っている。「わたしたちは患者を治療し、神が癒す」医者が神の癒しの恵みを仲介してくれるよう祈りなさい。

3. 取り乱さない。不安にならない

不安になると、消極的で破壊的な考え方が愛する者に伝わってしまう。必要なのは、愛する者を支えるための積極的で癒しの力がある考え方である。

4. ふたつの治療法を取り入れる

すべての病に対して、ふたつの治療を行おう。ひとつは科学的な法則にもとづいた治療、もうひとつは信仰を通じた魂の法則による治療である。

5. 神にすべてを任せる

治療が有効に行われるには、患者を神の意志に完全に委ねなければならない。生きたい、という大きな望みと、神にすべてを任せるという大きな覚悟が一致したとき、治癒の力が驚くべき効果を発揮するのである。

6. 心をひとつにする

心をひとつにし、家族の調和を生み出そう。次の教えを思い出してほしい。〝どんな願い事であれ、あなたがたのうち二人が地上で心を一つにして求めるなら、わたしの天の父はそれをかなえてくださる〟[注32]。不調和と病は似ているのだ。

7. 健康な姿を思い描く

あなたの精神の九割は潜在意識によるものである。健康というイメージを染み込ませれば、強力な潜在意識がエネルギーに満ちた力を送ってくれる。無意識に信じていることは、たいがい思い通りになる。潜在意識は、あなたが心の底で思っていることを返してくるからだ。心の底で、否定的なことを考えれば、結果もそうなる。前向きに考えれば、前向きな結果を得られ、病も治る。

8. 感謝する

治してくれるよう神に祈りなさい。しかし、願うのは一度だけである。あとは、祈りを捧げ、神の御心に感謝をしなさい。積極的に神を信じれば、神の慈悲を確認できる喜びを感じられる。この喜びがあなたを支えてくれるだろう。

12 活力を取り戻す

不調の原因を探る

ある女性が薬局へ行き、ある精神的な病のための薬があるかどうかを尋ねた。そうした薬は、もちろん薬局では買えない。錠剤や液剤で治せるものではないからだ。しかし、わたしたちの多くが使うことができる薬がある。祈り、信仰、力強い考え方を組み合わせることだ。

今日では、健全とはいえない精神状態が感情的、身体的な構造に影響を及ぼすせいで、五十から七十五パーセントの人が病気であると言われている。だからこそ、こうした薬が重要なのである。この健康の秘訣は、医者が提供するサービスとともに大きな価値がある。

不調を訴える多くの人々はそれを理解することだろう。

魂と感情の治療によって減退する活力を取り戻した例として、大企業で重役を務めるセールスマネジャーの話をしよう。

彼は、かつてはとても有能で、活力に満ちた人だったが、能力も活力も大幅に失ってしまった。彼の販売のアイデアは、独創的で、卓越したものだった。しかし、そうした創造的スキルも失ってしまった。まもなく、同僚も、彼の調子が悪いことに気づいた。彼は医者の診療を勧められ、会社は彼を休養のためにアトランティックシティへ、のちに、回復を願ってフロリダへ異動させた。だが、どちらの休暇でも、効果や症状の改善が見られなかった。

彼の担当医は、マーブル協同教会のことを知っていた。そこで、彼の会社の社長に、彼をわたしたちのところに行かせるよう勧めた。社長は彼に診察を勧め、彼もそれに従った。しかし、教会へ行かせられたことに対して、彼は憤慨しているようだった。

「とんでもないことです」彼は言った。「会社が社員を教会へ行かせるなんて。わたしのために祈り、聖書を読んでくれるということでしょうか」彼はいらいらとした様子で言った。

「驚くことではありません」わたしは答えた。「祈りと聖書による治療が、良い効果を及ぼしてくれる場合もあるんです」

彼は不機嫌で、非協力的だったので、わたしはこう言わなければならなかった。「失礼ですが、わたしたちと協力していただかないといけません。そうでないと解雇されますよ」

「誰がそんなことを言ったんですか?」彼は訊いた。

「あなたの上司です」わたしは答えた。「実際は、もし、わたしたちがあなたを回復させられなければ、残念ながら、あなたには会社を辞めてもらわなければならない、と言ったのです」

この言葉は、彼に信じがたいほどのショックを与えたようだった。「わたしはどうしたらいいと思いますか?」と彼は尋ねてきた。

「あなたのような状態になる方は、頭のなかが不安、心配事、緊張、怒り、罪の意識、あるいはそうしたものの組み合わせでいっぱいになっていることが多いのです。こうした感情的な障害が積み重なって重みを増すと、人間はそれを支えられなくなって、負けてしまいます。感情的、精神的、知的な力を得る源がふさがれてしまうのです。そして、**怒り、不安、罪の意識で動きがとれなくなります**。あなたの問題が何かはわかりませんが、わたしのことを友人だと考え、自分のことを話してください」

不安や怒りや罪の意識があるとしたら、何も隠さずに、それをすべて心からなくすことが必要だ、とわたしは強調した。「ここで話すことがほかに漏れることはありません。すぐれた仕事ができるようになってほしい、というのが会社の望みです」

やがて、問題が明らかになった。彼はこれまでにいくつもの過ちをおかしていて、そのせいで、嘘まみれになってしまっていた。嘘が明るみに出るのを怖れるあまり、精神的に混乱していた。神経がおかしくなる一歩手前だったのだ。

彼に話をさせるのは難しかった。彼は、根本的には、品のある、冷静な人物だったからだ。わたしは彼に言った。抵抗があるのはわかるが、これはやらなければならないことで、気持ちを空っぽにしないと、この方法はうまくいかない、と。

すべてを話し終えたときの彼の反応は忘れられない。彼は立ち上がると、ストレッチをしたのである。つま先立ちになり、指先を天井に向けて延ばして、深呼吸をした。「ああ。気持ちがいい」そう言って、安心と解放の気持ちを表現した。わたしは、祈りを捧げて神に赦しを乞い、安らぎと清らかな気持ちで自らを満たすことを提案した。

「わたしが声を出して祈るということですか?」彼はいぶかしげに応えた。「これまで一度も祈ったことがないんですよ」

「ええ」わたしは答えた。「祈るのは良いことです。力をくれますよ」

素朴な祈りだった。彼はこんなふうに言ったのである。

「主よ、わたしは汚れた人間でした。わたしがおかした過ちを申し訳なく思います。ここにいる友人にすべて話しました。あなたに赦しを乞いました。わたしを平穏で満たしてくれることを願います。また、同じ過ちをおかさないですむように力をください。わたしを清め、良い人間に、もっと良い人間になれるよう力を貸してください」

彼は、その日、オフィスへ戻った。まもなく**彼は元気を取り戻した**。いまでは、街一番のセールスマネジャーとして活躍している。

のちに、彼の会社の社長と会ったとき、わたしはこう言われた。「先生が、ビルに対して何をしてくださったのかはわかりませんが、彼には力がみなぎっています」

「わたしではありません。神が行ったのです」わたしは答えた。

「そうですね」社長は言った。「わかります。とにかく、彼は、以前のビルに戻りました」

このように、ビルは、活力が減退したとき、力を取り戻すための秘訣を試した。精神を治療する薬を受け入れ、その薬が彼の不健全な魂と精神状態を癒したのである。

肉体は健全な心を求めている

コロラド大学医学部のフランクリン・エボウ医師はこう言っている。「通常の病院で診る病気のうち、三分の一は器質的なもの、三分の一は感情的なものと器質的なものが組み合わさったもの、残りの三分の一は明らかに感情的なものである」

『心と肉体』の著者である、フランダース・ダンバーは言っている。「病気が身体的なものか、感情的なものかは問題ではありません。問題は、どちらが多いかです」

この問題について考えたことがある人は、怒り、憎しみ、恨み、悪意、妬み、執念などが健康を害する原因になるという医者の言葉が正しいことに気づいているだろう。怒りに駆られると、みぞおちのあたりに力が入らなくなり、お腹を壊したときのような感じになる。感情の爆発によって起こった化学反応のせいで、病気になったような気がするのだ。こうした状態が激しくなったり、あるいは一触即発の状態が続いたりすると、身体の状態がおかしくなる。

サンフランシスコのチャールズ・マイナー・クーパー医師は、「心臓病に関する心からのアドバイス」というタイトルの記事でこう述べている。

「感情的な反応を抑えなければならない。ある患者は、怒りを爆発させたときに血圧が即座に六十ばかり上がった。そのことからも、どれだけ大きな負担が心臓にかかっているかがわかるだろう」

さらに彼はこう書いている。「〝反応が速い人〟は失敗やミスを、とっさに、他人のせいにしがちである。そうではなく、起こってしまったことは仕方がないと考え、心を乱されずにいるほうが、より賢いだろう」

彼は、優秀なスコットランドの外科医ジョン・ハンターのことにも触れている。ハンター医師は心臓の持病があり、強い感情が心臓に与える影響について良く理解していた。彼は、**自分の命は、自分を怒らせる人の掌中にある**と言った。事実、彼は自分を抑えるのを忘れて怒りに駆られたために、心臓発作を起こして亡くなったのである。

クーパー医師はこうまとめている。「たとえ、仕事上の問題で悩んだり、怒ったりするようなことがあっても、気持ちを楽にするようにしなさい。そうすれば、不安が心のなかに蓄積するのを防ぐことができるだろう。あなたの心臓は、ぜい肉の少ない、明るく、穏やかで、身体的、精神的、感情的に自分を抑えることができる人のところにいたいと思っている」

怒り、恨みはあなたを蝕むだけ

もし、身体的不調を感じるのであれば、自分自身を徹底的に分析してみるといい。悪意や怒りや恨みといった感情はないだろうか。もしあれば、それをなくそう。いますぐに、取り除こう。

そうした感情が誰かを傷つけることはない。感情の対象である相手を傷つけるのではなく、**日ごと夜ごとに、あなたを蝕んでいく**のである。

多くの人が、自分が食べたものではなく、**自分を食い物にする感情によって健康を害していく**。感情的な病はあなたを封じ込め、エネルギーを横取りし、効率性を奪い、健康を衰えさせる。もちろん、あなたの幸せも吸い上げてしまうのである。

今日、考え方が健康状態に影響を及ぼすことは理解されている。**怒りによって、人間が病気になることもわかっている。**罪悪感によって、様々な身体的症状が出るのも認識されている。また、不安や心配事によっても、はっきりとした身体的症状が現れる。それは、考え方が変わったとき、病が癒えることからわかる。

苛立ち、怒り、憎しみ、憤りによって、わたしたちの健康は奪われる。対策はないのだろうか。もちろんある。それは善意、赦し、信仰、愛、冷静さといったもので、気持ちを満たすことである。

それにはどうすればいいのだろうか。ここで実用的な十二の方法を提案しよう。多くの人が怒りの感情を抑えるために使って成功したものである。この提案を実践することで、幸福感が生まれてくるだろう。

怒りを抑える12の方法

1. 怒りは感情であることを理解する

感情は温かく、ときには熱いものである。よって、感情を抑えるには冷やせばいい。どうやって冷やすか？　人は怒ったときに、まず拳を握りしめ、甲高い声を出し、筋肉を緊張させ、身体を固くする（アドレナリンが体内を駆け巡って、戦いの準備をするため)。これは洞窟に住んでいた古代人の神経構造の名残である。

よって、意識的に感情の熱を冷やすようにする。意志の力で拳を握らないようにする。そのためには、指を伸ばしたままにしておくこと。意識的に声の音量を下げ、囁くように話すこと。囁き声では喧嘩はできないからだ。椅子に腰を下ろすのもいい。可能であれば横になろう。横に寝ているときに、怒るのは難しいからだ。

2.「怒ってもどうにもならない」と知る

声に出して言おう。「馬鹿なことをするな。怒ってもどうにもならない。やめておこう」その時点で祈りを唱えるのは難しいだろうが、とにかくやってみてほしい。

3. 十回、次の言葉を言う

怒りを鎮めるのにもっとも良いテクニックは、グレース・アウスラー夫人が提案した〝十数える〟という方法である。ただ、彼女は主の祈りの最初の部分を唱えるほうがもっといいことに気づいた。〝天にましますわれらの父よ、願わくはみ名をあがめさせたまえ〟。怒りにかられたら、この言葉を十回言ってほしい。怒りは力を失うだろう。

4. 何に苛立っているのか書き出す

怒りとは、小さな苛立ちが蓄積して激しい感情になったものである。苛立ち自体は小さいが、次から次に集まって、ついには大きな怒りとして爆発する。本人も当惑するほどだ。そこで、何に対して苛立ちを感じるかを書き出してみるといい。無関係で、他愛のないことのように思えても、書き出してみる。目的は〝怒りの大河〟に流れ込む小川の水を止めることである。

5. 苛立ちを切り落とす

それぞれの苛立ちについて、祈りを唱える。一度にひとつずつ克服していく。怒りすべてを抑えるのではなく、怒りを大きくする苛立ちを、一つひとつ祈りによって切り落としていく。そうすることで、怒りのパワーが削がれ、怒りを抑制できるようになる。

6. 次のように自問する

毎日、数回、自分自身に対して次のように言おう。「これは苛立ったり、怒ったりする価値はない」さらに言おう。「五セントの苛立ちに千ドルの価値がある感情を費やす必要はない」

7. 傷は早めに癒す

感情を傷つけられるようなことがあったら、できるだけ早く修復しよう。長い間、くよくよしないこと。拗《す》ねたり、自分を哀れに思ったりしてはいけない。恨みを抱え込んではいけない。感情を傷つけられたら、指を怪我《けが》したときと同じことをすればいい。そう、すぐに治療を施すのだ。そうしなければ、状況は抑えが効かなくなる。

8. 不満を心から排出する

心を開き、不満が流れ出ていくようにしよう。信頼できる人のところへ行き、最後の一滴がなくなるまで吐き出して、忘れるといい。

9. 感情を傷つけた人のために祈る

恨みが消えるまで祈りを続ける。そのためには、かなり長い間祈らなければならないこともあるかもしれない。この方法を試したある男性は、恨みを忘れて安らぎが訪れるまで、六十四回も祈ったそうだ。

10. 小さな祈りを唱える

「キリストの愛がわたしの心を満たしてくれますように」と祈ろう。それから、次をつけ加えよう。「(ほかの人の名前)に対するキリストの愛がわたしの魂を満たしてくれますように」こう祈り、本気でそう考えれば安らぎを得られる。

11. 神の赦せという助言を受け入れる

理想は四百九十回。それだけ多く赦す前に、恨みから解放される。

12. 祈りを一日三回繰り返す

表に出てくる感情をコントロールするには、次のように祈って神の手に委ねるしかない。

「あなたは人間を回心させることができるのですから、わたしの精神も回心させてください。あなたは外的な罪を克服する力をくださったのですから、内的な罪を克服する力を与えてください。わたしの感情をあなたの手に委ねさせてください。あなたの癒しの安らぎをわたしの精神と魂に与えてください」

もし、自分の感情の激しさに悩んでいるなら、この祈りを一日三回繰り返そう。カードに書き写し、机の前、キッチンの流し台、手帳等、見えるところに貼るといい。

13 自分を変える考え方

人生は作り変えることができる

あなたについてもっとも重要で、もっとも力強い事実は、アメリカが生んだ最高の賢者のひとりであるウィリアム・ジェームズの次の言葉に表わされている。

「わたしの世代の最大の発見は、**人間は気持ちの持ちようで人生を変えられる**ということである」

あなたがそうあるのは、そう考えるからである。だから、古い、くたびれた、手垢のついた考えは捨て去ろう。信仰、愛、善意といった、新鮮で想像力に富む考えで頭をいっぱいにしよう。そうすれば、あなたは人生を作り変えることができる。

それでは、そうやって考え方を変えた人の話をしよう。

ある会社の重役は、慎み深いが、決して、負けない人だった。どんな問題も、どんな失敗も、どんな反対にもくじけなかった。困難にぶつかっても、楽観的な考え方で、うまくいくという自信を持って立ち向かった。そして、不思議なことに、結果は常に良いものになった。まるで、**人生に対して魔法の力を持っているかのよう**だった。彼がかかわれば、何でもかなうのである。

わたしは、彼にとても強烈な印象を受け、関心を抱いた。彼がこのようにやってこられたのには何らかの理由があるのだろうから、当然、話を聞きたかった。しかし、彼は控えめで、寡黙だった。自分自身について話してもらうのは簡単ではなかった。

ところが、ある日、気が乗ったのか、彼は、**驚くほどシンプルで、かつ有効な秘訣**を話してくれたのである。彼の工場を訪れたときだった。工場は現代的な最新の構造になっていて、空調が備えてあった。最先端の機械と生産手法によって、きわめて効率性の高い現場であるようだ。労使関係は、完全なものに見えた。組織全体に、善意が浸透しているようだった。

彼のオフィスは、美しい机、敷物、珍しい木でできた化粧板などで、超現代的に飾られていた。五つの鮮やかな色を心地良く配色するのが狙いらしい。素晴らしいの一言だったたが、それだけではなかった。

驚いたことに、彼の磨き上げられた白いマホガニーの机の上には、使い古された聖書があった。この超現代的な部屋のなかで、唯一の古いものだった。その一見変わった組み合わせを指摘すると、彼は聖書を示しながら言った。

「これはこの工場のなかで、もっとも現代的なものです。機械は古くなり、家具の流行は変わります。しかし**この本はずっと進んでいて、決して時代遅れではない**のです。

この聖書はわたしが大学へ入ったとき、敬虔なキリスト教徒である母からもらいました。これを読み、その教えを実践すれば、人生で成功する方法がわかる、と母は言いました。しかし、わたしは、単に年寄りの言うことだ、と思っていたのです。当時のわたしには母は年寄りに思えたのです。実際は、年寄りなんてことはなかったのですけれどね。母を喜ばせるために、わたしはずっと聖書を持っていましたが、何年も、目を通したことはありませんでした。わたしには必要ないと思ったのです」

それから、彼は自分を罵るように言った。

「わたしは馬鹿で、間抜けでした。そして、人生をめちゃくちゃにしてしまったんです。わたしのせいで、すべてがうまくいきませんでした。わたしの考え方が間違っていたし、振る舞いが間違っていたし、行動が間違っていました。わたしは消極的で、怒りっぽくて、うぬぼれが強くて、頑固でした。誰の意見も聞かず、自分が何でも知っていると思っていました。誰に対しても不満を抱いていました。みんなに嫌われていたのも当然です。わたしはまさしく〝負け犬〟でした」

彼は話を続けた。「ある晩、ある書類を調べていて、長い間、忘れていた聖書のことを思い出しました。昔のことが蘇ってきて、何の気なしに読みはじめたのです。そうしたら、不思議なことが起こりました。**一瞬で、すべてが変わったのです。**読んでいるうちに、ある文章が目の前に現れ、それがわたしの人生を変えました。本当に変わったんですよ。その文章を読んだ瞬間に」

「その素晴らしい文章とは?」わたしが尋ねると、彼はゆっくりと言った。「主はわたしの命の砦……わたしには確信がある」[注33]

「なぜかはわかりませんが、その文に感銘を受けました。わたしが弱くて、失敗ばかりしていたのは、信仰や自信がなかったからです。消極的で、いつも負けることを考えていましたから。しかし、文章を読んだ瞬間、**これまで消極的だった考え方は、積極的なものに変わりました。**神を信じようと決め、聖書で教えられている原則に従うようにしました。そうするうちに、新しい考え方ができるようになったのです。やがて、失敗することばかりを考える習慣が消え、新しい考えが流れ込んできて、徐々にわたしは変わっていったのです」

人は考え方によって成功し、幸せになる

この例は、重要な事実を示している。つまり、人間は考え方によって失敗したり、不幸になったりする一方で、考え方によって成功し、幸せになるということである。

あなたがどんな世界で生きていくかを決めるのは、外的な条件や環境ではなく、あなたの頭を習慣的に占めている考え方なのである。古代ローマ帝国の偉大な哲学者のひとりである、マルクス・アウレリウスの言葉を思い出してみよう。

「わたしたちの人生は、わたしたちの考えが作るものである」

アメリカ最大の賢人ラルフ・ウォルドー・エマーソンはこう言っている。

「人とは、その人が一日考えていることそのものである」

また、有名な心理学者はこう言っている。

「人間は、自分がどういう人間になるかを習慣的に考えているものになる強い傾向がある」

このように、考え方には、動的な力があると言われてきたのである。その意見を受け入れるのは難しくはない。考え方が力を示した例がこれまでに多くあるからだ。

人間は、考え方次第で、ある状況に陥ったり、そこから脱したりする。考え方によって病気になる一方で、癒しの効果がある考え方に変えれば、健康になれる。ある考え方をすれば、その考え方が示す状況を引き寄せる。別の考え方をすれば、まったく別の状況を作

り出せる。考え方によって作り出される状況は、状況によって作り出される考え方よりも、ずっと強い。

積極的に考えれば、積極的な力を動かすことになり、それが積極的な力を生じさせる。

積極的な考え方は、良い結果が生まれるのに好都合な雰囲気をあなたの周りに作る。反対に消極的な考え方は、悪い結果が生まれるのに好都合な状況をあなたの周りに作る。

状況を変えるには、まず、考え方を変えるべきである。不本意な状況を従順に受け入れてはいけない。こうあるべきと考える状況を思い浮かべる。そのイメージを心に抱きながら、細部にわたってしっかりと発展させ、それを信じ、祈り、努力すれば、積極的な考え方によって、頭のなかのイメージを実現できる。

『ガイドポスト』誌が教えてくれたこと

わたしはこの法則を、大変興味深い形で学んだ。何年か前、わたしは、ローウェル・トーマス、エディー・リッケンバッカー、ブランチ・リッキー、レイモンド・ソンバーグらとともに、インスピレーションを与える自己啓発雑誌『ガイドポスト』誌を創刊した。

創刊時、発行人のソンバーグと編集長のわたしには、財政的基盤の保証さえなかった。ただ、信仰によってはじめたのである。最初のオフィスは、ニューヨークのポーリングという村にある食料品店の二階だった。あるのは借り物のタイプライターと脚のぐらぐらした椅子だけ。大いなるアイデアと信仰が頼りだった。

購読者は少しずつ増えて二万五千人になった。未来は明るく思えた。ところが、ある晩、火事が発生し、一時間もしないうちに、オフィスも購読者のリストも消えてしまった。愚かなことに控えを作っていなかったのだ。

創刊時から忠実で有能な後援者だったローウェル・トーマスは、この悲惨な状況を彼のラジオ番組で話してくれた。その結果、三万人の購読申込みがあった。既存の読者だけでなく、多くの新しい読者を得られた。

購読者は四万人に増えた。ところが、支出はさらに急激に増えた。これまでもずっと、採算割れになりながらも発行してきたのだが、費用が予想よりもかさむようになり、わたしたちは深刻な財政難に直面した。刊行を続けるのが不可能な状況だった。

わたしたちは会合を開いた。これ以上はないと思うほどの悲観的で、消極的で、後ろ向きな会合だった。希望はまったく見出せなかった。支払いをするための資金をどうやって手に入れればいいのかわからず、借金するしかないと考えていた。わたしたちの頭のなかは失望感でいっぱいだった。

会合にはある女性が参加していた。彼女は、創刊時に二千ドルを寄付してくれた。同じことをもう一度期待していたのだが、彼女は現金よりもさらに価値あるものを提供してくれた。

この憂鬱な会合の間、彼女はずっと無言だった。しかし、最後にこう言った。「皆さんは、さらなる金銭的支援を期待しているのでしょう。どうやら、皆さんを苦境から助けて差し上げたほうがよさそうです。でも、お金は出しませんよ」

それでは苦境は脱せない。それどころか、さらに惨めなことになる、と誰もが思った。すると、彼女は言った。「しかし、**お金よりももっと価値があるものをあげましょう**」

わたしたちは驚いた。この状況で、現金よりも価値があるものなど想像できなかったからである。

「あるアイデアを差し上げます」彼女は言った。「創造的なアイデアです」

「そうですか」わたしたちは、あまり熱心には反応しなかった。「それでどうやって支払いができるのでしょうか？」

しかし、アイデアこそが、支払いを助けてくれるものだった。確かに、この世のすべての偉業は、創造的なアイデアからはじまっている。**まずアイデア、次にそれを信じ、そのアイデアを実行する。それが成功への道**である。

彼女は言った。

「さて、つまりこういうことです。いまの皆さんの問題は何でしょうか？　すべてが足りないことです。資金が足りない、購読者が足りない、設備が足りない、アイデアが足りない、勇気が足りない。足りないのはなぜでしょうか。それは、足りないと皆さんが考えているからです。足りないことを考えれば、足りない状態を生み出します。常に足りないと考えていれば、創造的な力が抑制されます。『ガイドポスト』が発展するための刺激がなくなります。皆さんは忙しく働いて、一生懸命頑張っています。しかし、創造的な力のために努力はしていません。積極的な考え方を用いるべきなのです。

この状況を改善するために、思考のプロセスを逆にして、繁栄、達成、成功といったことを考えたらどうでしょうか。練習は必要ですが、信じる気持ちがあれば、すぐにできるようになります。まず、イメージを描いてみてください。つまり、『ガイドポスト』が**大成功すると想像する**のです。『ガイドポスト』が素晴らしい雑誌であり、全米を席巻するのを。大勢の購読者が、熱心にこの感動的な雑誌を読み、それによって恩恵を受けることを思い浮かべてください。『ガイドポスト』が教える成功の哲学によって、人々の人生が変わるのを思い巡らせてください。

困難や失敗のことを考えてはいけません。問題を見上げるのではなく、見下ろすのです。そのほうが勇気が出ます。**問題は常に上から攻め落としましょう**。下から近づいてはいけません」

彼女は続けた。「さらに言わせてください。いまの時点で、何人の購読者が必要なのでしょうか?」

わたしたちは、慌てて答えた。「十万人です。しかし、四万人しかいません」

「わかりました」彼女は自信たっぷりに言った。「それはそんなに難しくありませんね。簡単です。十万人がこの雑誌によって救われることを思い浮かべてください。そうすれば、それだけの購読者は得られるでしょう。実は、思い描くことができた瞬間から、それだけの読者を得たことになるのです」

彼女はわたしに向かって言った。「ノーマン、あなたは、いま、十万人の読者が見えますか？　想像してみてください。これから先のことを。心の目でそれが見えますか？」

わたしはまだ確信が持てず、いぶかしげに言った。「そうですね、おそらく。しかし、ぼんやりしています」

彼女はがっかりしたようだった。「十万人の購読者を想像することができないのですか？」

わたしの想像力はあまりうまく働かなかったのだと思う。頭のなかには、わずか四万人という数字しかなかったからだ。

彼女は、わたしの友人ソンバーグのほうを向いた。彼は成功に恵まれている人物だった。彼女は彼をニックネームで呼びながら質問した。「ピンキー、あなたは十万人の購読者を想像できますか？」

彼には、創造的想像をする才能があった。彼女の言葉に夢中になり、感嘆の表情を浮かべて、まっすぐに前を向いて質問に答えた。「見えます」熱のこもった大きな声で言った。「はい、見えます」

わたしは驚いて言った。「どこに？　どこですか？　指を差してみてください」

そのとき、突然、わたしにも、十万人の読者が見えはじめた。

「それでは」彼女は言った。「頭《こうべ》を垂れて、十万人の読者を与えてくださることを神に感謝しましょう」

率直に言って、神にはかなりの無理を求めたような気がするが、聖書にはこう書いてある。〝信じて祈るならば、求めるものは何でも得られる〟[注34)]つまり、何かを祈るときは、同時にそれが実現することを心に描くべきだということだ。それが価値があり、自分勝手な要求ではなく、人のためになることであればかなえられるのだ。そして、その瞬間に与えられることを信じるべきなのだ。

もし、この考え方についていくのが難しければ、『ガイドポスト』には足りないものがなくなったという事実を言わせてほしい。

『ガイドポスト』では、支払いは問題なく行われ、必要な設備は購入でき、借金もない。そして、これを書いている時点で、購読者はおよそ五十万人に到達し、さらに増え続けている。一日に三、四千人の申し込みがある日もある。

正しく考え、良い結果を思い描く

わたしは読者のみなさんに『ガイドポスト』誌を読むことを強く勧めたいとは思っているが、この例を紹介しているのは宣伝のためではない。わたしがこの経験に心を揺さぶられたことを伝えたかったからである。

わたしは、このとき、**個人が勝利を収めるための素晴らしい法則**に出合ったのだ。それ以来、自分の問題にこの法則を用いることに決め、素晴らしい結果を得ている。法則を用いなかったときは、あまり大きな成果を挙げられない。

方法は実に単純だ。頭の中で、問題を下からでなく、上から見下ろす自分を想像する。後は神の思し召しにまかせる。

つまり、間違ったものから成功を得ようとしないということである。道徳的、精神的、倫理的に正しいものから結果を得る。**過ちからは、正しい結果は得られない**。もし考え方が間違っていれば、その考えは間違っていて正しくないので、間違っている限りは正しい結果を得られない。本質的に間違っているのだから、間違った結果になるのは仕方ない。よって、**正しく考え、それを神の手に委ね、素晴らしい結果を思い描く**ことが大切である。

成功や達成や成就といった考え方を頭に刻み込もう。失敗を考えてはいけない。もし、敗北といったような消極的な考えが浮かんできたら、積極的で肯定的な考えを強調することで追い払おう。「神はいまわたしに成功を与えてくれている。目標を実現させてくれている」そう声に出して言おう。

あなたが思い描き、意識にしっかりと刻み込んだものは、常に肯定し、勤勉に、効果的に努力することで現実になる。つまり、頭に思い描き、祈り、最後に現実にする、というのがプロセスである。


注目に値する業績を達成した人は皆、経験からこの法則の価値を学んでいる。

実業家ヘンリー・J・カイザーから次のような話を聞いたことがある。彼が責任者として、川沿いに堤防を建設していたときのことだ。大嵐がやってきて洪水が起こったために、土木機械は泥に埋まり、それまでの仕事もすべて流されてしまった。水が引いた後、被害状況を確認しようと外に出ると、作業員たちが暗い顔で泥や埋もれた機械を見ていた。

カイザーは、作業員たちのところへ行くと、笑顔を浮かべて言った。「どうしてそんなに浮かない顔をしているんだい？」

「これが見えないんですか？」彼らは言った。「機械が泥だらけになってしまいました」

「どこに泥があるんだい？」

「どこに泥があるかですって？」彼らは驚いて言った。「周りを見てくださいよ。まるで泥の海です」

「おや」カイザーは笑った。「わたしには見えない」

「なぜ見えないんですか？」

「なぜなら、わたしは晴れ渡った青い空を見上げているからだ。泥など見えない。太陽の光が輝いているだけだ。**泥は太陽には勝てない。**すぐにからからに乾いてしまうよ。そうしたら、機械もすぐに動かすことができるから、また最初からやり直せばいい」

まったく彼の言う通りである。うつむいて泥を見つめ、敗北感を抱けば、自ら敗北を作り出すことになる。

楽観的な考えは、祈りや信仰と組み合わせることによって、おのずと現実になるのである。

信仰と成功は無関係ではない

いま、本書を読んでいるこの瞬間にも、あなたのなかに、将来性のあるアイデアが浮かんでいるだろう。そうした考えを解放し、発展させれば、あなたは財政的な問題やビジネス上の行き詰まりを解決できる。あなた自身や家族を大切にしながら、事業で成功を収めることができる。こうした創造的な考え方を常に頭に注ぎ込むことによって、人生とあなた自身を変えることができる。

かつてはわたしも、信仰と成功は無関係だと愚かにも考えていたことがあった。宗教について話すときには、それを成功話と絡めるべきではないし、宗教は、倫理や道徳や社会的価値のみを扱うべきだと思っていたのだ。

しかし、いまは、そうした見解は、神の力と個人の成長を制限してしまうものだと気がついた。宗教では、宇宙には計り知れないほど大きな力が存在し、その力は個人のなかにもあると教えている。すべての負けを吹き飛ばし、すべての困難を解決する高みへと押し上げてくれる力である。

あなたはどんなことでも達成できる。信じ、思い描くものはどんなものでも。そして、祈り、努力するものはすべて。

あなたの心のなかを深く探ってみてほしい。驚くべきものが見つかるだろう。いまの状況がどうであろうと、あなたにはそれを改善する力がある。まず、心を鎮めよう。そうすれば、心の奥底からひらめきが湧いて出てくる。

失敗ではなく、成功のイメージを頭にしっかりと叩き込もう。そうすれば、創造的な思考が流れ出る。新しい考え方が流れ出てくれれば、たとえ、いまどんな困難に直面していたとしても、それを変えることができるだろう。

積極的に考える7の方法

1. 二十四時間、希望を持って話す

次の二十四時間、あなたの仕事、健康、将来について、楽観的に話すようにする。悲観的に話すのが習慣になっていたら、難しく感じるかもしれない。しかし、その消極的な習慣が、あなたを抑制してきたのだ。

2. 一週間続ける

二十四時間、希望を持って話した後は、それを一週間、続けよう。そうすれば、一日か二日間は、それが〝現実的〟だと思うようになる。すると、一週間前に〝現実的〟だと思っていた考えが実はとても悲観的で、いまの〝現実的〟なものとはまったく違っているのがわかるだろう。それは積極的な見方が芽生えはじめているからだ。〝現実的〟と言っている人は自分を欺いている。彼らは、単に消極的であるにすぎない。

3. 精神を健全にする

精神にも、身体と同じように栄養が必要である。そして、精神を健全にするためには、滋養のある健全な考えを与えなければならない。今日から、あなたの考え方を消極的なものから積極的なものに変えよう。聖書を最初から読みはじめ、

信じることについて述べている文章すべてに傍線を引こう。マタイ、マルコ、ルカ、ヨハネによる四つの福音書にある、そういった箇所すべてに線を引く。特に「マルコによる福音書 11章の22、23、24節」には注目してほしい。これを参考に、どのような節に線を引き、意識に刻み込むかを選ぼう。

4. 線を引いた節を記憶する

節を一日にひとつ覚えて、すべてを暗唱できるようにしよう。時間はかかるだろうが、それよりもっと多くの時間を、消極的な考え方をするようになるまでに費やしたことを思い出してほしい。消極的な考え方を忘れるには努力も時間も必要である。

5. 積極的な考え方をする人のリストを作る

友人のなかでもっとも積極的な考え方をする人のリストを作り、意識的にその人とのつきあいを増やそう。消極的な考え方をする友人を捨ててはいけないが、しばらくの間は積極的な視点を持つ友人と親しくつきあおう。彼らの姿勢を取り入れることができたら、消極的な友人たちのところに戻り、彼らにあなたが新しく学んだ考え方を伝えよう。

6. 言い争いは避ける

言い争いで、消極的な意見が出たときには、積極的で楽観的な意見で応酬しよう。

7. 祈りはたくさん唱える

祈るときは神があなたに多くの素晴らしいことを与えてくれていると考え、それに感謝しよう。神が与えてくれていると考えれば、神は間違いなく与えてくれる。あなたが信じなければ、神はあなたが信じている以上の恵みは与えてくれない。神はあなたに素晴らしいものを与えたいと思っているが、あなたは自分が受け取れると信じている以上のものを、受け取ることはできない。聖書でも〝あなたがたの信じているとおりになるように[注35]〟とイエスが言うと、その通りになっている。

より良い、成功に満ちた人生を送る秘訣は、古い、役に立たない、不健全な考え方を捨てることである。そのかわりに、新しい、活力に満ちた、勢いのある信仰を取り入れよう。新しい考え方が流れ込み、あなたとあなたの人生を変えてくれるだろう。

14

どうしたらリラックスできるか

半分近くはストレスで病気になっている

「アメリカでは、毎晩、六百万錠を超える睡眠薬が人々を眠らせるために必要とされている」

製薬業界の大会で講演を行ったとき、このことを聞かされて、わたしは大変驚いた。信じがたい事実だが、事情に詳しい人によれば、この数字は控えめなものだと言う。

ほかの権威ある人からは、アメリカ人が使用する睡眠薬は一日千二百万錠だと聞いた。つまり、十二人にひとりを眠らせるのに十分な量である。統計によると、睡眠薬の使用は毎年千パーセント増えていると言う。最近の大手製薬企業による発表では、約三十二ミリグラムの錠剤およそ七十億錠が毎年消費されている。つまり、**一晩あたり千九百万錠**である。

何と痛ましい状況だろうか。**睡眠は自然な回復プロセス**である。一日働いた後は、誰でもぐっすりと眠れると考えがちだが、わたしたちは、睡眠の技術さえ失ってしまったようだ。

実際、相当に気が張っている。説教では安眠を得られないほど、緊張し、神経質になっている。ここ何年もの間、教会で眠っている人を見たことがない。とても悲しい状況である。

ワシントンの役人によると、ある年のアメリカでは、七十五億回の頭痛が起こったそうである。**一年間にひとり五十回**の計算だ。こうした数字の出所はわからないが、この会話の後まもなく、製薬業界は、一年間に千百万ポンドのアスピリンを売り上げているという記事を読んだ。おそらく、いまの時代は、書名にもなっているように〝アスピリン・エイジ〟と言うべきなのかもしれない。

権威ある筋によれば、アメリカの病院のベッドのふたつにひとつは、病原菌、事故、筋肉や臓器の疾病のせいではなく、**感情のバランスを取ったり、抑制したりすることができない患者で占められている。**

ある病院では、五百人の患者を調べたところ、三百八十六人、つまり七十七パーセントは心身症などの心理的な要因で、身体疾患が引き起こされたことがわかった。また、別の病院では、多くの潰瘍の症例を調べたところ、患者の半分近くが身体的な問題ではなく、不安や憎しみの感情や罪の意識、もしくは、ストレスが理由で病気になっている。

さらに別の医師の意見では、現代では科学技術が驚異的に発達しているが、**科学だけでは、病人の半分も治せない**、と言う。多くの場合、患者の考え方が、身体に跳ね返り、病んでしまうのだそうだ。こうした病んだ考え方のなかで特に目立つのは、**不安と緊張**である。

なぜ教会に精神科医がいるのか?

この状態は実に深刻で、わたしたちのマーブル協同教会でも、スマイリー・ブラントン医師の監督のもとに十二人の精神科医が働いている。なぜ教会に精神科医がいるのか不思議に思うかもしれない。それは、**精神医学は科学だから**だ。

患者が診療所に来ると、最初は精神科医が、やさしく、注意深く、問題を調べる。「なぜそう考え、行動するのか」を説明する。

たとえば、なぜずっと劣等感を持っているのか、なぜ不安につきまとわれるのか、なぜ怒りを抱いているのか、なぜいつも恥ずかしがっていて控えめなのか、なぜ愚かなことをやったり不適切なことを言ってしまったりするのか、といったことである。

こうしたことは、ただ起こるのではない。必ず理由がある。その理由だけでもわかったら、その日は人生の重要な日になる。**自分を理解するのは、自分を正すことのはじまり**だからだ。

自分を理解した後、患者は牧師のところへ行く。牧師は患者がやるべきことを伝える。症例に対して、祈り、信仰、愛による治療を行う。**精神科医と牧師は知識を分かち合い、治療法を組み合わせる**。

その結果、多くの患者が新しい人生と幸福を見つけている。牧師は精神科医のかわりにはなれない。また、精神科医も牧師のかわりにはなれない。それぞれが役割を果たすだけだ。

わたしたちのクリニックにおいて、もっともよく見られる問題はストレスである。これは、おそらく、現代人に蔓延する病と言っていい。ストレスに悩まされているのはアメリカ人だけでない。カナダロイヤル銀行の月刊誌には、「ゆっくりいこう」というタイトルをつけて、この問題に触れている。

月刊誌にはこうある。「わたしたちは増大するストレスに悩まされている。**リラックスすることができない**。神経が極度に緊張しているせいで、気持ちが絶えず高ぶっている。

毎日、夜遅くまで、慌ただしくしているために、**人生を心ゆくまで生きられない**。トーマス・カーライルの〝環境に左右されない静かなる魂の優位性〟という言葉を思い出すべきだろう」

カナダを代表する大銀行が、顧客に対して「ストレスのせいで得たいものを得られずにいる」と注意を呼びかけているのだ。

ストレスを減らす〝柔らかな力〟

ストレスを減らす簡単な方法のひとつは、「**気楽にやろう**」と思うことである。どんなことも、ゆっくり、慌てず、力を抜いてやろう。

わたしの友人で、野球選手のブランチ・リッキーは、たとえ打撃や守備や走塁がうまくても、〝過度なストレス〟を抱える選手は使わない、と言っている。

大リーグの選手が成功するには、すべての動作に、そして精神に、流れるような〝柔らかな力〟がなければならないからだ。球を打つのに有効なのは力を抜くことである。すべての筋肉が柔軟に、力を連携させて動くようにする。力を抜いて、球を思い切り打つ。これはゴルフでも、野球でも、すべてのスポーツで同じである。

一九〇七年から一九一九年まで活躍した、偉大な野球選手タイ・カップはアメリカンリーグにおいて、十二回も首位打者になった。わたしが知る限り、この記録は誰にも破られていない。

タイ・カップは、偉業を達成したバットをわたしの友人に贈っている。わたしは、そのバットを握らせてもらった。試合に出るときのように、構えてみた。もちろん、わたしの構えは、偉大な強打者とは程遠いものだ。実際、マイナーリーグでプレーしたことがある友人は、くすりと笑って言った。

「タイ・カップはそんなふうにはやりませんでしたよ。そんなに体を固く、緊張させてはだめです。頑張りすぎですよ。それじゃ三振してしまいます」

タイ・カップのフォームは美しかった。**人間とバットがひとつになっていた**。リズムがある、しなやかなスイングだった。彼は柔らかな力を自在に使いこなしていた。

成功するには同じことが必要である。上手にやっている人を分析してみるといい。彼らはとても簡単そうに、最小限の努力でやっているように見える。そうしながらも、最大限の力を発揮している。

友人のある有名なビジネスマンは、重要な仕事をやり、様々なことに関心を持ちながら、いつもゆとりがある。すべてを効率的に、すばやく片付けるが、決して慌てふためくことはない。時間や仕事に追われ、不安そうになったり、疲れた表情を見せたりしたことがない。明らかに**柔らかな力を持っていた**。わたしは秘密を尋ねた。

彼は笑いながら答えた。

「秘密でも何でもありません。ただ、毎日、朝食の後は妻と一緒に静かな時間を過ごすようにしています。信仰に通じるものを読んで、瞑想します。詩のときもあるし、本の一部のときもあります。沈黙して、そのときの気分に応じて祈ったりします。それから、神が静かなエネルギーで満たしてくれることを確認します。この十五分間の儀式は、必ず行います。やらないと気持ちが萎えてしまうのです。おかげで、わたしはいつも必要以上のエネルギーとパワーを得ているのです」

わたしは同様の方法を実践することで、ストレスを減らしている人たちをたくさん知っている。

偉大なる太陽の恵み

ある二月の朝、わたしは郵便物を手に持って、フロリダにあるホテルの長いベランダを急いで歩いていた。フロリダには冬の休暇を過ごすために来たのだが、毎朝一番に郵便物を調べる習慣から抜け出せなかった。

郵便物を開封しようと速足で歩いていると、遊びに来た友人が、帽子を目深にかぶりロッキングチェアに座っていた。

彼はわたしを呼び止め、ゆっくりとした魅力的な話し方で言った。「先生、慌ててどこへ行くのですか？　フロリダの太陽の下で、あくせくしても仕方ありませんよ。こちらに来て、偉大なる術を実践するのを手伝ってください」

わたしは面食らって言った。「偉大なる術？」

「そうです」彼は答えた。「滅びつつある術です。どうやるかを知っている人は、あんまりいないんですよ」

「そうですか」わたしは言った。「あなたは何もしていないように見えますよ」

「いいえ、やっているのですよ。**ただ太陽の光を浴びて座っている**という術です。暖かくて、いい匂いがしますよ。心が安らぎます。太陽について考えたことがありますか？　太陽は急ぐこともないし、慌てることもありません。ただゆっくりと、動いています。ブザーを押したり、電話に出たり、呼び鈴を鳴らしたりすることもなく、ただ輝いています。

それなのに、ほんのわずかな時間で、わたしや先生が一生かけてもできない大きな仕事をします。太陽の働きを考えてみてください。花を咲かせ、木を成長させ、大地を温め、野菜や果物を育て、農作物を実らせ、水を気化させて地上に戻し、わたしたちに安らぎをくれます。

こうして座っていると、太陽がわたしの上に降り注ぎ、力を与えてくれるのがわかるんです。だから、郵便物なんか放って、ここで一緒に過ごしましょう」

わたしはその通りにした。それから部屋に戻り、郵便物に取りかかると、すぐに終わった。その日はまだ時間がたっぷりあったので、さらに太陽の光を浴びることができそうだった。

もちろん、人生の大半を日光浴をして過ごし、何も成し遂げることがない怠惰な人たちもいる。座ってリラックスするのと、ただ座っているのとは違う。しかし、座ってリラックスし、自然のリズムと合わせ、その力を受け入れるのは怠惰なことではない。むしろ、新たな力を得る良い方法だ。

心を静かにし、慌てて反応するのを避け、考える時間を持とう。大事なのは、テンポを落とすことである。エネルギーを効率的に使って、うまくリラックスし、柔らかな力を使えるようにするといい。

多忙な人のリラックス法

エディー・リッケンバカー大尉が、良い方法を示してくれた。彼はとても多忙な人で、力を無駄にしないように仕事をしている。わたしが彼のやり方の基本を知ったのは偶然だった。

あるテレビ番組で彼と一緒に出演したときのことである。収録は予想以上に長引いたのだが、大尉は少しも動揺していなかった。苛立ったり、気をもんだりもしていなかった。部屋を行ったり、来たりして、オフィスへ慌てて電話をするようなこともなかった。ただ、その状況をゆったりと受け入れた。スタジオにはロッキングチェアがあった。彼はそこにリラックスして腰をおろした。

わたしは彼を崇拝していた。そこで、彼がいつもリラックスして見えることについて訊いた。「あなたはとても忙しい人だと思うのですが、そうやって静かに、落ちついて、穏やかに座っていらっしゃる。素晴らしいですね」

彼は笑って答えた。「おや、わたしは先生の教え通りにしているだけですよ。さあ、気楽にいきましょう。隣へお座りください」

わたしはロッキングチェアをもう一脚持ってきて座り、少し緊張を解いた。「エディー、こうして穏やかに座っていられるのは何か秘密があるのではないですか？　教えてください」

わたしが強く望んだので、彼はいつも使っているというやり方を話してくれた。わたし自身その方法を知り、とても役に立っている。この方法を一日に数回やってみよう。やり方は次のようなものだ。

一、**横になる**。これを一日数回行う。身体中の筋肉の緊張を解く。自分がクラゲになったつもりで、身体の力をすべて抜く。ジャガイモが入った大きな麻袋を思い描く。それを切り裂き、ジャガイモが転がり出すのを想像する。自分が麻袋になったつもりになる。ぺちゃんこになった麻袋には、緊張のかけらも見えないはずだ。

二、**頭のなかを空っぽにする**。一日に数回、頭のなかから、苛立ち、憤り、失望、ストレス、焦燥などをすべて追い出す。頻繁に、定期的に、頭のなかを空にしないと、不幸せな考えが蓄積し、大きな爆発が起こる。

三、**定期的に神へと意識を向ける**。一日に少なくても三回は〝目を上げて……山々を仰ぐ〟[注36)]といい。神との調和を保つことができ、あなたは安らぎで満たされる。

わたしはこの三項目による方法に感銘を受け、何か月か試してみた。そして、これがリラックスし、気楽に生きるためのすぐれた手法だとわかった。

ニューヨークシティに住むわたしの友人Ｚ・テイラー・ベルコヴィッツ医師からは、気負わずに仕事をする術について多くを学んだ。彼はしばしば、往診のときに、渋滞に巻き込まれるという。そんなときは、遅れに苛立つのではなく、その機会を利用してリラックスを図る。エンジンを切り、座席の背にもたれ、頭の後ろで手を組み、目を閉じる。眠ってしまうこともあるらしい。眠ってしまっても、車の列が動き出せば、甲高いクラクションの音で目が覚めるから何の心配もないそうだ。

交通渋滞の合間に完全にリラックスできるのはわずか一分程度。しかし、それだけで、エネルギーを十分に回復できるそうだ。一日のうち、たとえ何分かであっても休息をとる機会はたくさんある。そうした機会に、意識的にリラックスした状態を保てば、**パワーを得られる。それは、時間の長さで決まるのではない。その時間をどう過ごすか**である。

有名な統計学者ロジャー・バブソンは、よく誰もいない教会へ行き、落ち着いた時間を過ごしている。おそらく、讃美歌のひとつやふたつを口ずさみ、休息と新たなパワーを見出しているのだろう。デール・カーネギーは、ストレスに晒されると、オフィスの近くにある教会へ行き、十五分ほど瞑想しながら祈る。忙しいときほど、そうする。つまり、**時間にコントロールされるのではなく、時間をコントロールしている。**また、ストレスがコントロールできないほど大きくならないよう注意している。

リラックスは再生によって起こる。再生のプロセスは休みなく繰り返されなければならない。人間は神から絶えず力を受け取っている。その力は人間を通して、ふたたび神に戻されて再生される。このプロセスにリズムを合わせれば、リラックスすることを覚え、気負わずにやっていけるようになる。

それでは、どうやってこのスキルを身につければいいのだろうか。ここに仕事のストレスから解放される十の方法を紹介する。緊張を解き、柔らかな力を得る助けとなるだろう。

仕事のストレスから解放される10の方法

1. あまり無理をしないこと

あなたは世界をその肩で支える巨人アトラスではない。あまり無理をしないこと。深刻になりすぎてはいけない。

2. 仕事を好きになる

好きになれば、退屈ではなく、楽しくなる。仕事を変える必要もなくなる。あなたが変われば、仕事に対する考え方も変わる。

3. 計画を立てる

計画がしっかりしていないと、泥沼にはまって動けなくなる。

4. すべてを一度にやろうとしない

〝なすべきことはただ一つ〟[注37)] という聖書の助言に従おう。

5. 正しい考え方を身につける

仕事が難しいものかそうでないかは、それをどう考えるかによって変わる。難しくないと考えれば、難しくなくなるものだ。

6. 仕事の腕を上げる

知識は力である。

7. 気負わない

ゆったりとした気持ちでいたほうが、うまくいくことが多い。マイペースを保とう。

8. 今日できることは今日やる

明日まで引き延ばさない。仕事はたまると、さらに面倒になる。計画通りに進めよう。

9. 仕事について祈る

祈ると、力が抜け、効率が上がる。

10. 〝目に見えないパートナー〟を受け入れる

神が背負ってくれるものは驚くほど多い。また、あなたの仕事についてよく知っている。神の助けがあれば、あなたの仕事は楽になる。

15 人に好かれるには

人は、必要とされないと病気になる

わたしたちは人に好かれたいと思っている。そう断言していいだろう。

「わたしは人に好かれなくても気にならない」そんなふうに言う人もいるかもしれない。しかし、誰かがそう言ったとしても、本気だとは思わないほうがいい。

心理学者のウィリアム・ジェームズはこう言っている。

「人に好かれたいという気持ちは、人間のもっとも深い欲望である」

わたしたちの根底には、人に好かれたい、名声を得たい、求められる人間になりたいという願望がある。

ある高校で行われた調査でこんな質問があった。「あなたがもっとも求めているのは？」圧倒的多数の生徒が「人気者になりたい」と答えていた。大人にも同じ欲求がある。人に良く思われたい、尊敬されたい、仲間に好かれたいという欲望を超越できる人がいるかどうかは疑わしい。

人気者になるための術は、術を持たないことである。人気を意識的に求めても、おそらく得られない。だが、「あの人は何かを持っている」と言われる稀有の人になれれば、やがて人気を集められる。ただし、人気者になったとしても、すべての人があなたを好きになってくれるわけではない。人間とは不思議なもので、あなたを好きになれないという人が必ず出てくるものだ。

望まれていない、あるいは必要とされていないという思いは、人間の感情のなかでも痛ましいものである。求められ、必要とされる分だけ、人は自由になれる。一匹狼、孤立した人、定年退職をした人は、何とも言えない惨めな気持ちになる。そして、自己防衛のために、さらに内にこもってしまう。

こうした内向的な人は、外向的で、自己犠牲的な人が経験する通常の発達ができない。自ら外に出て、価値ある人間にならなければ、病気になってしまうだろう。**求められていない、必要とされていないという感覚は、ストレス、老化、病気を招く**。もしあなたが自分を役立たずだと感じるとか、誰にも必要とされたり望まれたりしなくてもいいと考えるのであれば、本気で何とかするべきだろう。惨めだというだけでなく、心理学的に深刻な状況である。

ある都市で行われたロータリークラブの昼食会に出席したとき、同じテーブルにふたりの医師がいた。ひとりは、数年前に現役を引退した年配者。もうひとりは街で人気の若い医者だった。若い医者は、疲れ切った様子で、遅れて駆け込んできて、ため息とともに椅子に腰を下ろした。「せめて電話が鳴りやんでくれるといいのですが」彼はぼやいた。「電話が鳴りっぱなしでどこへも行けません。電話に消音機能をつけたいくらいです」

年配の医師が静かに言った。「ジム、気持ちはわかる。わたしもそんなふうに感じたもんだよ。しかし、電話が鳴ることに感謝したまえ。求められ、必要とされるのは嬉しいことじゃないか」それから、悲しそうに言った。「もう誰もわたしに電話をしてくれない。電話の音を聞きたいよ。誰もわたしを求めていないし、必要としていない。もう過去の人なんだな」

わたしたちはこの年老いた医者の話を聞いて、大いに考えた。

ある中年の女性は体調が悪いとこぼした。彼女は不幸せだった。「夫が死に、子どもたちは大きくなり、わたしの居場所はありません。皆は親切ですが、わたしには無関心です。

わたしのことは必要としていません。体調が悪いのはこのせいなのでしょうか？」彼女は尋ねた。確かに、それが大きな理由になっている可能性はある。

ある会社の七十歳を越える創業者は、オフィスのなかを目的なく行ったり来たりしていた。わたしは、現在の社長である彼の息子に会いに行った。息子が電話中、彼はわたしに塞いだ様子で言った。

「うまく引退生活を送る本を書いてくれないか。仕事の重荷を下ろすのは素晴らしいことだと思っていたのに、いまは誰も私の言うことに関心を持ってくれないんだ。自分には人望があると思っていたのに、いまはオフィスに来ても、みんな挨拶はするものの、すぐにわたしのことを忘れてしまう。一日中わたしがいなくても、誰も気にしない。会社はいま息子が継いでうまくやってくれているけど、わたしも少しは必要とされたいんだよ」

彼らはこの世で、もっとも哀れで不幸な経験をしている。彼らの基本的な望みは人から求められることであり、それが満たされていないからだ。彼らは人から認められたい。人から尊敬されたいのだ。こうした状況が生まれるのは、定年退職後だけではない。

二十一歳のある女性は、生まれたときから誰にも求められていない、と考えていた。誰かに、望まれて生まれたのではない、と言われたのである。そのせいで強い劣等感と自己否定感を抱くようになった。内気で引っ込み思案になり、自分の殻に閉じこもってしまった。孤独で、不幸せで、人格の発達にも問題が出ていた。その状況を変えるには、信仰によって彼女の生き方、特に考え方を変えなければならなかった。その結果、彼女は自分を解放し、人に好かれるようになった。

人に好かれるコツ

彼女のような根が深いケースは珍しいとしても、多くの人は人に好かれるコツを学んでいない。

一生懸命努力している人はいる。やりすぎるほど努力して、楽しんでいないように思える人もいる。それもこれも人に好かれたいという強い欲求のためである。上っ面だけの人気を求めるために、不自然な振る舞いをしている人も見かける。

無理をしなくても、**人に好かれるための、単純で、自然で、簡単に覚えられる方法がある。**それを着実に行えば、人気を得ることができる。

まず、**一緒にいて落ち着ける人になること**だ。つまり、相手に緊張させないことである。「あの人にはどうも気を使ってしまう」と、言われてしまう人がいる。そういう人は、他人を寄せつけないような壁を周りに築いてしまっている。

一緒にいて**落ち着くのは、おだやかで、気取りのない人**である。気持ちの良い、やさしい、和やかな雰囲気を持っている。古い帽子や、履きなれた靴や、身体になじんだ肩のはらない上着を身につけているようなものだ。

堅苦しい、打ち解けない、無反応な人は、グループのなかで調和がとれない。常にどこか距離を置いている。そういう人だと、どう理解すべきか、どんな反応が返ってくるかがわからないので、気楽な気持ちでつきあえない。

ある十七歳の少年は皆からとても人気があった。「彼と一緒にいると楽しい。とてもいいやつで、気楽につきあえる」と評判だった。飾らない態度を身につけるのはとても大切だ。そういう人は、たいがい、心が大きい。自分がどう扱われるかを気にしてばかりいたり、人の地位や肩書を羨ましがったり、自分の権利ばかりを主張したりする人は、堅苦しい。こちらの気分が害される。

ある大学の心理学部で、どんな性格が好かれ、嫌われるかを分析した。百の性格特性を科学的に分析したところ、人に好かれるためには四十六の特性を持っていなければならないことがわかった。人気者になるのは大変である。

しかし、キリスト教では、**人望を得るには、次の特性があればいい**と教えている。それは、**人間に対して誠実で、率直な関心と愛を持つこと**である。この基本的特性を養えば、後の特性は自然に身につくのだ。

性格を直した男性

もしあなたが人と気楽につきあえないのであれば、自分の性格を見直して、意識的および無意識的な緊張を取り除くよう勧めたい。自分が好かれないのをほかの人のせいにしてはいけない。**問題はあなたにあると考え、問題を見つけて、排除しよう**。

表裏なく正直であるためには、専門家の助けがいるかもしれない。自分自身を科学的に研究して、変化が必要なことを認識し、性格のリハビリテーションを行うべきだろう。

ある男性が人間関係について助けを求め、教会のクリニックにやって来た。三十五歳ぐらいの彼は、誰もが振り返ってもう一度見たくなるような、素晴らしく均整のとれた外見の持ち主だった。彼が人に好かれないとは信じられなかった。しかし、彼は、不幸せな状況や出来事を語り、人間関係でうまくいかないことを説明した。

「一生懸命やっているのです。人とうまくやっていく方法を実践しようとしています。だけど、何の効果もないのです。好きになってもらえないのです」

彼の話を聞き、わかった。彼の話し方に問題があったのだ。薄いベールに包まれているが、批判的な態度がはっきりと感じられた。また、彼は、自分がほかの人よりもすぐれていて、偉いという態度を見せていた。実際、優越感を抱いているようだった。頑固で柔軟性がなかった。

「みんなに好かれるように自分を変える方法はあるのでしょうか?」彼は訊いた。「無意識のうちに人を苛立たせない方法はありますか?」

彼は、明らかに自己中心的で、うぬぼれ屋だった。好きなのは自分自身だけだった。言葉、態度すべてが、無意識に自分にどう返ってくるかを考えられてなされたものであった。わたしたちは彼に、これまでのやり方とは反対に、ほかの人を愛し、自分を忘れることを教えた。それは問題を解決するには不可欠のことだったからだ。彼はほかの人に苛立ちを感じていて、表立った対立は起こさないながらも、心のなかでその人たちを咎めていたのである。その人たちも理由はわからないが、無意識のうちにそう感じていた。そして、彼に向けた壁が築かれたのだ。

わたしたちが問題を説明すると、彼は驚き、戸惑った。しかし、誠実に真摯に取り組み、自分を愛するのではなく、ほかの人を愛する方法を取り入れた。

わたしたちが提案した方法のひとつは、夜、寝る前に、バスの運転手、新聞の配達人など、**その日会った人のリストを作ること**だ。それから、リストに挙がった人の顔を思い浮かべ、その人に対してやさしい気持ちを抱くようにする。また、その人のために祈る。それによって、彼は自分のまわりの〝小さな世界〟について祈ったことになる。わたしたちにはそれぞれの世界があり、一緒に働く人や、様々な関わり合いを持つ人々がいる。

たとえば、彼が、家族以外に朝一番に会うのは、エレベーターボーイだ。彼はこれまでエレベーターボーイに対して、もぐもぐと気のない挨拶をするだけだった。いまは、ちょっとしたおしゃべりをし、家族や趣味について話している。すると、エレベーターボーイが面白い視点を持っていて、魅力的な経験をしているのもわかった。これまでエレベーターを上げ下げしているだけのロボットのように思っていた人物に、新しい価値を見たのである。彼はエレベーターボーイが好きになり、エレベーターボーイも、彼に対する見方を変えはじめた。ふたりは友好的な関係を築いたのだ。

ある日、彼はわたしに言った。「世の中には面白い人がいっぱいいるのですね。これまで気づきませんでした」彼は昔の自分を忘れ、同時に、新しい自分を見つけた。**自分自身を忘れることで、自分自身と新しい友人を得た**のだ。

まず、自分から好きになる

人に好きになってもらうのは、人を好きになることの裏返しである。わたしと同年代で、もっとも人に好かれたアメリカ人はウィル・ロジャースだろう。彼はこんなことを言っている。

「わたしは嫌いだと思う人に会ったことがない」

彼らしい言葉である。多少の誇張はあるだろうが、ウィル・ロジャースは本気で言ったのだと思う。そう思っていたから、結果、人々は花が太陽のほうを向くように彼に対して心を開いたのである。

どうしても好きになれない人もいるだろう。ほかの人よりも生まれつき好かれる人がいるのは確かだが、相手を本気で知ろうとすれば、称賛すべき、あるいは愛すべき特質も見えてくる。

ある男性は、同僚に対する苛立ちを抑えることができなかった。とても嫌っている人たちが数人いた。その人たちには特にいらいらさせられたが、それでも彼は、一人ひとりの称賛できる点をリストにして書き出した。毎日、そのリストに新たな点を書き加えるようにした。そして、嫌いだと思っていた相手が、多くの素晴らしい特質を持っていることに気づいた。魅力を意識するようになると、なぜ嫌いなのかわからなくなったのである。もちろん、彼がこうした発見をしている間、相手も同じように彼の良いところを見つけていた。

たとえ、あなたがいままで満足できる人間関係を築いてこなかったとしても、変われないとは思わないでほしい。問題を解決するために、きちんとした段階を踏み、**努力をすれば、あなたは変わり、人に好かれ、尊敬されるようになるだろう**。

わたし自身も忘れないようにしているのは、人々にとっての最大の悲劇は、一生涯、過ちを重ね続けてしまうことだ。過ちをおかし、それを育て、大きくしてしまう。

レコードの傷で針が飛んでしまうときのように、同じ節を何度も何度も繰り返すのだ。傷がなくなれば、レコードはまた調和のとれた音楽を奏でる。過ちを重ねた人間関係のために、人生を費やすのはもうやめよう。友情を育むために時間を費やそう。**人生で成功するためには、人間関係がとても大切だからだ。**

人に好かれるもうひとつの大事な要因は、**ほかの人の自我を高めること**である。自我は、人格の本質であり、神聖なものだ。誰にも自尊心はある。もし、わたしがあなたの自我を、ひいては自尊心をへこませれば、あなたはひどく傷つくことになる。あなたが心の広さを見せてくれても、精神的によほど成長していなければ、今後わたしのことを良く思ってはくれないだろう。

一方、わたしがあなたの自尊心を高め、あなたの価値を認める手助けをしたら、あなたの自我を尊重していることになる。あなたの良いところを引き出す力になったので、あなたは感謝をするだろう。あなたは恩を感じ、わたしを好きになる。

人に好かれる基本的な原則については、長く論じる必要はないだろう。とても簡単で、その真理は明らかだからである。しかし、人望を得るための十の方法を述べておきたい。習得できるまで繰り返し行おう。

人望を得る10の方法

1. 人の名前を覚える

これがうまくできない人は、相手に関心が持てていないことを示している。

2. 一緒にいて楽な人になる

古い靴や帽子のような、相手に落ち着きを与える人になろう。

3. 心を乱さない

リラックスした、気さくな雰囲気を身につけ、心を乱さないようにする。

4. 傲慢さを捨てる

何でも知っている、という態度を見せない。肩の力を抜き、謙虚でいる。

5. 何事にも関心を持つ

人は、関心を持ってくれる相手と一緒にいたいと思い、刺激を得たいと望む。

6. 無意識の行動に気をつける

人の神経を逆なでする要素を知り、取り除こう。無意識にやっていないか確認するといい。

7. 不満をなくす

過去や現在のあらゆる誤解を、信仰にもとづいて解くように努めよう。そして不満も取り除こう。

8. 人を好きになるように努力する

「わたしは嫌いだと思う人に会ったことがない」というウィル・ロジャースの言葉を思い出し、それを実践するように努力しよう。

9. 人を祝い、慰める

人の成功を祝い、悲しみや失望を慰める言葉を与えよう。

10. 精神的に強くなる

あなたが強くなれば、ほかの人が良い人生を送るために手を貸すことができる。人々に力を与えよう。そうすれば、周りの人はあなたに愛情を捧げてくれる。

16 心を痛めたときの処方箋

心を痛みから解放するために

「心痛のための処方箋をください」

ある男性がこんな奇妙で、ある意味、哀れな要求をした。悩まされている無力感は身体的な原因によるものではない、と彼は医者から言われたのである。問題は悲しみから立ち直れずにいることだった。悲しみのせいで〝心が痛みを訴えて〟いた。

彼はさらに言った。「わたしの慢性的な内なる苦しみを和らげる、精神的な処方はありますか？　誰もが悲しみを経験するし、わたしもそれに対処しなければならないのはわかっています。できる限りのことをしてきましたが、安らぎが得られないのです」

そして、ふたたび、悲しそうな笑みをゆっくりと浮かべて言った。「心痛のための処方箋をください」

心痛のための〝処方〟は、実際に存在する。**ひとつは身体を動かすこと**だ。座って考え込むことをやめるのだ。くよくよと悩むかわりに、目的に合った身体的プログラムを実行することで、考え、思い悩み、心の痛みを感じる精神的なストレスを減らすのだ。筋肉を動かせば、脳の別の部分を使うので、緊張が和らぎ、安らぎを得られる。

健全な哲学と多くの知恵を持った田舎の弁護士は、ある女性に、失恋にもっとも効く薬は、たわしを手にして、四つん這いになって床を磨くことだ、と言った。男性にもっとも効くのは、斧《おの》をもって、身体がくたくたになるまで薪を割ることだそうである。心痛を完全に癒す保証はないが、苦しみを和らげることはできる。

どんな心痛であっても、最初のステップは、**通常の生活に戻ると決意する**ことである。つまり、生活の中心となる活動へと戻るのである。

昔の仲間と会ったり、新しい友人を作ったりしよう。散歩をしたり、乗馬をしたり、泳いだり、遊んだりして、血液の巡りを良くする。価値のあるプロジェクトに没頭する。毎日を、創造的な活動、特に身体を動かす活動をして過ごす。心が安らぐような忙しさを楽しもう。ただし、パーティを開いたり、酒を飲んだりして羽目をはずすような、表面的な現実逃避は一時的に痛みを鈍らせるだけで、癒しにはならない。

心痛から解放される効果的な方法は、**悲しみに身を任せる**ことだ。今日では、悲しみを人に見せるべきではないとか、涙を流したり、声をあげて泣いたりするのは良くないという馬鹿げた考えがある。これは自然の法則を否定するものだ。**痛みや悲しみを感じたときに泣くのは、自然なこと**である。身体を痛みから解放するために、人に備わっているメカニズムなので、使用するべきである。

悲しみを抑え、禁じ、封じ込めてしまえば、ストレスや悲しみを取り除くための手段を使えなくなってしまう。身体や神経のほかのシステムと同じように、この機能も制御されるべきではあるが、完全に否定してはいけない。

男性であろうと、女性であろうと、存分に泣けば、心痛から解放される。しかし、過度に使用したり、習慣にしたりしないよう注意しよう。習慣になってしまうと、異常な悲嘆反応に陥り、精神の病につながりかねないからだ。どんなものでも限度がある。

愛する者を失った人たち

わたしのもとには愛する者を失った人からの手紙が多く届く。

彼らは一緒によく訪れた場所へ行くのや、夫婦あるいは家族ぐるみでつきあっていた人たちと一緒にいるのがつらい、と言う。よって、そういった場所や人たちを避けてしまう。

これは重大な過ちである。心痛を癒す秘訣は、**できるだけ、普通に、自然体でいること**だからだ。それは、不誠実とか無関心とかを意味するものではない。極度の悲しみに陥るのを避けるために大切なことである。悲しみは自然なプロセスなのだ。

心痛を癒すためのもうひとつの癒しは、**生と死と永遠に生きることに対する哲学を学ぶ**ことだ。わたしは、死は存在せず、すべての生は分割できず、この世もあの世もひとつであり、時間と永遠は切り離すことができず、この世界は果てのない宇宙である、という揺るぎのない信念を得たとき、確信に満ちた一生の哲学を持つことができた。

こうした確信には確固たる基盤がある。聖書もそのひとつだ。聖書は、次の疑問について、示唆に満ちた見方を与えてくれる。疑問とはすなわち「人間はこの世を離れたらどこへ行くのか」ということである。

わたしはここに記している真理を絶対的に、心から信じていて、微塵も疑っていない。こうした信仰は徐々に得たものだからだ。

この哲学は、愛する人との別れを迎えたときの悲しみを防ぐことはできないだろう。しかし、嘆きを軽くすることはできる。この避けられない状況の意味を心に理解させてくれるからである。また、**愛する人を本当に失ったのではないことを教えてくれる**。それを信じて生きていけば、心は穏やかになり、痛みは心を去っていく。

母との再会

わたしの母は素晴らしい人だった。わたしは母から、ほかのどんな経験よりも強い影響を受けている。母はとても話が上手で、非常に賢く、機敏だった。世界中を旅し、キリスト教の伝道者として多くの人との触れ合いを楽しんでいた。母の生涯は豊かで満ち足りていた。ユーモアを解し、一緒にいると楽しかった。わたしは母のそばにいるのが好きだった。母は、周りの人たちから、とても魅力的で、刺激的な人だと考えられていた。

わたしは大人になってから、機会があるたびに実家に戻って母に会った。いつもそれを楽しみにしていた。朝食のテーブルを囲みながら、話をするのが好きだったからである。しばらくして、母が死んだ。母は故郷であるオハイオ州の南部にある小さな美しい墓地に埋葬された。わたしは、とても悲しく、重苦しい気持ちでそこを去った。真夏のことだった。

秋がやって来た。わたしは母に会いたいと思った。母がいなくて孤独だったので、墓地へ行こうと決めた。一晩中、汽車のなかで、幸せなときが去ってしまったこと、すべてが変わり、二度ともとには戻らないことを考えていた。

小さな町に着いた。空気は冷たく、空は曇っていた。わたしは墓地に向かって歩いた。古い鉄の門を押し開け、落ち葉を踏みながら、母の墓のところまで行くと、しょんぼりと座り込んだ。そのとき、急に雲が切れて太陽が現れた。太陽の光が、秋の色に染まったオハイオの丘陵を明るく照らした。わたしが子ども時代を過ごし愛した丘、そして、母も、ずっと以前、少女の頃に遊んだ丘だった。

すると、突然、母の声が聞こえたような気がした。実際に聞こえたわけではないが、聞こえた気がしたのだ。確かに、母の言葉がはっきりと聞こえた。母は、わたしが大好きだった懐かしい口調でこう言った。

「なぜ、あなたは死んだ者のなかに生きた者を求めているのですか？　わたしはここにいません。わたしがこの暗い、陰気な場所にいると思っているのですか？　わたしはあなたや愛する者たちといつも一緒にいるのですよ」

わたしは、身体のなかで光が弾けるのを感じた。大きな幸せに満たされた。自分が耳にしたことが真実だとわかっていた。母の言葉には、強い力がこもっていた。

わたしは、立ち上がり、墓石に手を置いて、じっと眺めた。ここは母の遺体が横たわっている場所にすぎない。確かに身体はそこにある。母がもう必要がなくなったから、そこへ置いただけなのだ。そして、**輝かしく美しい母の魂はここにはない**のである。

わたしはその場所を離れた。それ以来、ほとんどそこへは行っていない。ときにはそこへ戻りたいと思うことはある。しかし、そこはもはや陰鬱なだけの場所である。ただのシンボルであり、母はそこにいない。母は愛する者たちとともにいるのだ。

〝なぜ、生きておられる方を死者の中に捜すのか〟[注38]。聖書には神の思し召しと魂の不滅について記されている。祈りと信仰を習慣にする。そうすれば、こうした考えが真実だという確信で心が満たされるだろう。

生と永遠に関して、正しい見解を持つことが、あなたの心痛を癒す処方箋になるのだ。

17 いかに神の力を求めるか

どうやって手に入れるのか

今日、多くの人は、不幸せを嘆き、自らの力で活路を見出せずにいる。悩むことはない。神の力を求めればいい。そのためにはどうすればいいのだろうか?

わたしの個人的な経験を話そう。わたしは若かった頃、ある大学近くの大きな教会に呼ばれた。信徒の多くは、その大学の教授や、市の有力者たちだった。わたしは、こうした機会を与えてくれた人たちに応えたかったので、一生懸命働いた。その結果、過度のストレスを感じはじめた。一生懸命に働くのはいいが、効率性を失うほど無理をしたり、ストレスを抱えたりするのは良くない。わたしは疲れ果て、神経質になり、普段の力を出せなくなった。

ある日、わたしは教授のひとりを訪ねることにした。友人の故ヒュー・T・ティルローだ。彼は素晴らしい教師であった。釣りも狩猟も得意で、アウトドア派で、男のなかの男だった。

大学構内にいなければ、湖に探しに行くと必ず見つかる。その日も彼はそこにいて、わたしの姿を見ると、岸に戻ってきた。「今日は良く釣れる。乗りたまえ」わたしは彼のボートに乗り込み、しばらく一緒に釣りをした。

「どうしたんだね?」彼はやさしく尋ねてくれた。わたしは、一生懸命頑張っているが、少し神経質になっていることを話した。「力が湧いて出てくる気がしないんです」わたしは言った。

彼はくすりと笑った。「無理のしすぎじゃないかな」

ボートを岸に着けて小屋に入ると、彼は言った。「そのソファに横になりなさい。きみに読んであげたいものがある。その箇所が見つかるまで、目を閉じて、リラックスしていなさい」

わたしは言われた通りにした。何か気晴らしになるものを読んでくれるのだろうと思っていた。ところが彼は言った。

「ああ、ここだ。読んでやるから、静かに聞きなさい。そして、この言葉を心に刻むのだよ。〝あなたは知らないのか、聞いたことはないのか。主は、とこしえにいます神／地の果てに及ぶすべてのものの造り主。倦むことなく、疲れることなく／その英知は究めがたい。疲れた者に力を与え／勢いを失っている者に大きな力を与えられる。若者も倦み、疲れ、勇士もつまずき倒れようが／主に望みをおく人は新たな力を得／鷲のように翼を張って上る。走っても弱ることなく、歩いても疲れない〟[注39]。それから、彼は尋ねた。「どこを読んでいるかわかるかい？」

「はい。イザヤ書の四十章です」わたしは答えた。

「きみが聖書を知っているのは、結構なことだ。それでは、その通りにしたらいいのだよ。さあ、リラックスしなさい。深呼吸を三回して。吐いて、吸って、ゆっくりと。神の支えと力を求めるんだ。いま神が与えてくれていると信じなさい。そして、**その力を失わないように。身を任せて、力が身体のなかに流れてくるのを感じなさい**。

いま得たものを仕事に捧げるといい。もちろん、仕事はやらなければならない。だが、リラックスして、気負わずにやるんだ。大リーグのバッターのように。彼らはバットをゆったりと振る。場外ホームランを打ってやるぞ、などと考えてはいない。**自分ができる最善のことをやって、自分自身を信じているだけだ**。なぜなら、自分のなかに力があると信じているからだ」

かなり昔のことであるが、わたしはそのとき学んだことを忘れていない。彼は、いかに神の力を求めるかをわたしに教えてくれた。そして、それは確かに効き目があった。わたしはその後も彼のアドバイスに従い、二十年以上それを守っている。毎日、やることでいっぱいだが、この方法で必要な力を得ている。

力はいつでも、誰でも手に入る

神の力を求めるふたつめの方法は、すべての問題に対して、積極的で、楽観的な心構えでいることである。信仰を深めるに従って、状況に応じた力を得られるようになる。〝あなたがたの信じているとおりになるように〟[注40]は人生に成功するための基本的法則である。

神の力は存在する。**それを手に入れることができれば、あなたは何でもできる**。神の力を求め、大いなる助けを得よう。神の力を自由自在に求めることができれば、敗北などあるはずないではないか。あなたが抱えている問題を訴えよう。そして、具体的な答えを求めるといい。その答えを受け取っていることを信じよう。いま、神の助けを通じて、その問題を克服するための力を得ているのだと信じよう。

あなたが受け入れるつもりさえあれば、この力はいつでも手に入る。大きな波のように押し寄せてくるのだ。誰にでも、どんな状況でも、どんな条件でも手に入れられる。この力の流れは、目の前にあるすべてのものを流してしまうほど大きい。恐怖も、憎しみも、病も、弱さも、精神的敗北も、すべて押し流す。あなたの人生を、健康と幸福と善意に満ちたものに作り変える。

長年、わたしはアルコール依存症の問題と禁酒連盟の活動に関心を抱いてきた。活動家の基本的な主張は、アルコール依存症を治すには、まず自分がアルコール依存症で、ひとりでは何もできず、何の力もなく、敗北者であることを認めなければならない、というものである。それを認めたとき、彼らは、ようやく人の助けや神の力を求めることができるのだ。

ヴァージニア州にあるロアノーク・ホテルで、ある晩、のちにわたしの友人となった男性から聞いた話である。二年前、彼はわたしの著書『確信にみちた生活への手引』を読んだ。当時、彼は、自分自身から見ても、周りの人から見ても、救いようもないアルコール依存症だった。**ヴァージニア州で働くビジネスマンで、飲酒問題を抱えている**にもかかわらず、それなりの成功を収めていた。しかし、酒を制御することができず、崩壊は目に見えていた。

わたしの著書を読んだとき、ニューヨークへ行けば、問題を解決できるのではないかと思いはじめた。そこで、ニューヨークへやって来たが、着いたときは、完全に酔っていた。迎えにきた友人は、彼をホテルへ残して帰っていった。彼は意識を取り戻すと、ベルボーイを呼び、タウンズ病院へ行きたいと言った。タウンズ病院は、アルコール依存症の治療で知られ、故シルクワース博士が主宰していた。博士はその分野の第一人者で、亡くなったいまも名を残している。

ベルボーイは、男性のポケットにあった百ドルかそこらを巻き上げ、男性を病院へ連れていった。数日後、シルクワース博士は男性の様子を見にきて言った。「チャールズ、できる治療はすべてやった。もう大丈夫だろう」これは博士の通常のやり方ではないが、博士がこうしたのは、神の力を患者に感じてもらうためだった。

どことなく不安に思いながらも、チャールズはダウンタウンへ向かい、ニューヨークにあるマーブル協同教会のオフィスの前に立った。たまたま法定休日だったために、教会の扉は閉まっていた。彼はどうしたものかと悩んだ。教会へ入って、祈りを捧げたいと思っていたからである。なかに入れなかったので、奇妙なことをした。財布から名刺を取り出し、扉にある郵便物の投入口に差し入れたのだ。

その瞬間、彼は大きな安らぎの波に包まれた。驚くべき解放感を味わった。扉に頭をつけ、赤ん坊のようにすすり泣いた。**彼は自分が自由になったこと、素晴らしい変化が自分に起こったことを知った**。その証は、彼がその瞬間から後戻りせず、酒をまったく飲んでいないという事実である。

この出来事には印象的な特徴がいくつかある。特にシルクワース博士が、彼を心理的にも精神的にも最適な状態で、超自然的ともいえるときに退院させたことである。

このように、強く求め、心から望み、誠実に手を差し伸べれば、神の力が与えられるのだ。

本章では、人間が経験した輝かしい勝利の物語を紹介した。それぞれが、人生を変える神の力が存在し、それがわたしたちのなかにあることを示している。あなたはアルコール依存症とは異なる問題を抱えているかもしれない。しかし、神の力がこのもっとも難しい病を抱えた人たちをも癒すことができるという事実は、どんな問題も、困難も、敗北も、信じる力と、積極的な考え方と、神への祈りによって解決し、乗り越えることができることを示している。方法は簡単で、すぐに実践できる。神は常にあなたを助けてくれる。次の手紙の差出人を助けたのと同じように。

親愛なるピール先生

先生とお目にかかりマーブル協同教会へ行きはじめてから起こった素晴らしいことは、奇跡としか言いようがありません。六年前、わたしは財産をすべて失いました。実のところ、多くの借金も抱えました。健康も害し、飲酒問題のせいで友人もほとんどいなくなりました。それを思い返しながら、ときどき頬をつねって、いまの幸運が夢でないことを確認したくなるほどです。

ご存じのように、六年前にわたしが悩まされていたのは、アルコール依存症の問題だけではありませんでした。先生はわたしのことを、もっとも消極的な人間のひとりだとおっしゃいました。しかし、それでもまだ足りません。わたしは不満や、苛立ちを抱えていたうえに、何でも批判し、気が短くて、うぬぼれが強かったのです。

こうした問題を全部克服できたとは思わないでください。まだできていないのですから。しかし、少しずつ、先生の教えに従うことで、自分自身をコントロールし、仲間を批判するのを抑えられています。まるで牢獄から解放されたような気分です。人生がこれほど満ち足りた、素晴らしいものだと思えるようになったのは初めてです。

敬具

ディック

あなたも神の力を求めてはどうだろうか？

おわりに

望んだ結果が出るまで続けてほしい

本書を読み終わったあなたは、何を学んだだろうか。

それは、**人生で成功するための、実用的で有効な方法**。そして、すべての**敗北を乗り越えて勝利するための、信仰と実践の方法**だろう。

本書で提案するテクニックを信じ、実行した人々の例も提示された。こうした例は、あなたも同様の方法によって、彼らと同じような結果を得られることを示している。

しかし、読んだだけでは十分でない。読み返して、それらを継続的に実行してほしい。望んだ結果が得られるまで続けてほしい。

本書を書いたのは、心からあなたの助けとなりたいと思ったからである。もし、あなたの力になれたのなら、大変、嬉しく思う。**本書で記した原則と方法は、間違いなく役に立つはずである**。効果はすでに示されているからだ。

皆さんとは直接会うことはないかもしれないが、本書を通じて知り合うことができた。わたしたちは魂の友である。わたしはあなたのために祈る。どうか信じる心を持って、成功に満ちた人生を送ってほしい。

注釈 【出典：『新共同訳聖書』（日本聖書協会）】

注1．フィリピの信徒への手紙4章13節
注2．マタイによる福音書9章29節
注3．マタイによる福音書17章20節
注4．ローマの信徒への手紙8章31節
注5．ローマの信徒への手紙8章31節
注6．フィリピの信徒への手紙4章13節
注7．ルカによる福音書17章21節
注8．フィリピの信徒への手紙3章13節
注9．イザヤ書40章31節
注10．ヨハネによる福音書10章10節
注11．テサロニケの信徒への手紙5章17節
注12．ルカによる福音書17章21節
注13．箴言15章15節
注14．詩編118編24節
注15．詩編37編1節
注16．ヨハネによる福音書14章27節
注17．マルコによる福音書6章31節
注18．フィリピの信徒への手紙4章7節
注19．詩編90編4節
注20．詩編121編1節
注21．「讃美歌21」460番
注22．イザヤ書26章3節
注23．マルコによる福音書9章23節
注24．エレミヤ書29章13節
注25．マルコによる福音書11章22-23節
注26．フィリピの信徒への手紙4章13節
注27．フィリピの信徒への手紙4章13節
注28．マタイによる福音書19章26節
注29．マタイによる福音書18章20節
注30．マタイによる福音書17章20節
注31．マタイによる福音書9章29節
注32．マタイによる福音書18章19節
注33．詩編27編1節3節
注34．マタイによる福音書21章22節
注35．マタイによる福音書9章29節
注36．詩編121編1節
注37．フィリピの信徒への手紙3章13節
注38．ルカによる福音書24章5節
注39．イザヤ書40章28節～31節
注40．マタイによる福音書9章29節

[著者]
ノーマン・ヴィンセント・ピール（Norman Vincent Peale）
1898年5月31日生まれ。牧師。1932年から引退までの50年以上、ニューヨークにあるマーブル協同教会の牧師を務め、力強い説教で人々の心をとらえた。また、教会の地下室にカウンセリングルームを開き、心悩む多くの人を助けた。1952年に出版した『積極的考え方の力』が米国で大ベストセラーに。この本は41か国語で翻訳され、全世界で2000万部、60年間読まれている。ラジオやテレビ番組のホスト、週刊誌『ガイドポスト』を主宰、人々の精神に多大な影響を与えた。93年12月24日、クリスマスイブに逝去。95年の生涯を閉じた。

[訳者]
月沢李歌子（つきさわ・りかこ）
津田塾大学卒業後、外資系金融機関を経て翻訳家になる。
主な訳書に『ラテに感謝！』（ダイヤモンド社）『ディズニーが教えるお客様を感動させる最高の方法』（日本経済新聞出版社）『スターバックス再生物語』（徳間書店）がある。

〔新訳〕積極的考え方の力
――成功と幸福を手にする17の原則

2012年11月29日　第1刷発行
2025年5月30日　第12刷発行

著　者――ノーマン・V・ピール
訳　者――月沢李歌子
発行所――ダイヤモンド社
〒150-8409　東京都渋谷区神宮前6-12-17
https://www.diamond.co.jp/
電話／03･5778･7233（編集）　03･5778･7240（販売）
装丁･本文デザイン―廣田清子（Office Sun Ra）
製作進行――ダイヤモンド・グラフィック社
印刷――――八光印刷（本文）・加藤文明社（カバー）
製本――――本間製本
編集担当――児玉真悠子

ISBN 978-4-478-02272-6